JN112686

AI・DXが変える現代社会と法

弥永真生　山田剛志 編著

商事法務

はじめに

　本書は、成城大学法学部現代法研究室講演会「AIと法」シリーズ（2018年度）にご登壇いただいた研究者・実務家の方を中心に、人工知能（Artificial Intelligence：AI）のみならず、デジタル・トランスフォーメーション（Digital Transformation：DX）が社会をどう変えるかという視点で、ご寄稿いただいた非常に意欲的な論文集である。

　我々の日常生活は、現状でも、AIによるロボットや通信手段に囲まれている。たとえばスマートフォンでは、AIによる検索・通話手段は一般化している。さらに2020年度内にはレベル３と呼ばれる世界初の自動運転車が国内で発売される予定であり、公道上での運転も一部認められるようになった。家の中では、家電がAIにより自動的に管理され、我々の生活はすでにAIによりコントロールされた技術に囲まれている。外国語を他言語に翻訳する機械またはソフトウェアは、かなりの精度で約80言語を翻訳するものもある。これは、私が子どもの頃夢中になって読んだマンガの中に登場した、「○○コンニャク」と呼ばれる当時の未来技術そのものだ。これらのデバイスにより、我々の日常生活は、さまざまな恩恵を受けており、もはやAIの技術なしに現代の生活は成り立たないといっても過言ではない。

　しかしこのことは、多くの論者が言うとおり、さまざまな危険性を孕む。AIにより意思を持った技術が制御を超えて暴走した場合──AIにより無人でコントロールされた兵器が勝手に人類を攻撃した場合を思い浮かべると理解しやすいだろう──、悲劇的な結末をもたらすが、予めそのような将来を予防するため、法的な規制はどのようにあるべきか。そのような社会で我々の権利はどのように保護されるべきか。また意思を持ったAIは、権利の主体となり得るか。このような検討はまさに喫緊の課題であり、本書はその論争に一視座を加える。

　また近年、DXは企業の将来を左右すると言っても過言ではない。コロナ禍の経済では、株価が上昇する企業と下落する企業が明暗を分けているが、業績好調な企業はDXに力を入れている企業が多いようにみえる。

DX の定義も一様ではないが、概ね、企業がデジタル技術を利用して事業の構造や対象範囲を根底から変化させる行為、といえるだろう。読者は、本書により、DX がどのように企業現場を変えるか、一例を理解できると思われる。DX の前提として、ビッグデータは全てのビジネスの基となるが、その利用はどうあるべきか、どのように管理されるべきか、議論は熟していない。DX を駆使したデジタル通貨の利用はビジネスの現場だけでなく、現代社会をどう変えるだろうか。興味は尽きない。このように本書は、類書と比べ、DX への法的な検討が多いことも特徴である。

　本書は、AI と人権、AI と日常生活、AI と憲法から始まり、AI と兵器、AI と裁判手続、DX とデジタル通貨、AI・DX と企業の業務改革の取り組みなどの問題を扱う。どれも焦眉の課題であり、考察も最新動向を踏まえ網羅的だ。AI に興味がある方も、新しい DX の動向に興味がある方も、是非本書をおとりいただき、ご意見ご批判を頂ければ幸甚だ。

　株式会社商事法務には、出版情勢厳しい折、本書の刊行を認めていただき感謝しかない。また編集部の櫨元ちづるさんには、それぞれの論考の一次資料までご確認頂き、その驚異的な編集力により、本書を完成まで導いてくれたことに対し、執筆者一同深い敬意の念を表するものである。

　2021年はコロナ（COVID-19）が終息し、我々に平穏な日常生活が戻ることを心より祈念する。

2020年12月

執筆者を代表して

山田　剛志

編著者・執筆者紹介

■編著者

弥永　真生（やなが　まさお）

〔執筆担当〕第2章

筑波大学ビジネスサイエンス系・サイバニクス研究センター教授

主著：『会計基準と法』（中央経済社、2013年）、『ロボット・AIと法』（共編）（有斐閣、2018年）、『Cyber law in Japan, 4th edition』（Wolters Kluwer、2020年）

山田　剛志（やまだ　つよし）

〔執筆担当〕第6章

成城大学法学部教授

主著：『金融の証券化と投資家保護——ドイツ投資信託からの法的・経済的示唆』（信山社、2000年）、『現代企業法・金融法の課題』（共編）（弘文堂、2004年）、『金融自由化と顧客保護法制』（中央経済社、2008年）

■執筆者（執筆順）

青木　人志（あおき　ひとし）

〔執筆担当〕第1章

一橋大学大学院法学研究科教授

主著：『動物の比較法文化——動物保護法の日欧比較』（有斐閣、2002年）、『日本の動物法〔第2版〕』（東京大学出版会、2016年）、『法律の学び方——シッシー＆ワッシーと開く法学の扉』（有斐閣、2020年）

山本　龍彦（やまもと　たつひこ）

〔執筆担当〕第3章

慶應義塾大学法科大学院教授

主著：『プライバシーの権利を考える』（信山社、2017年）、『AIと憲法』（編著）（日本経済新聞出版社、2018年）、『憲法学の現在地——判例・学説から探

究する現代的論点』（共編著）（日本評論社、2020年）

岩本　誠吾（いわもと　せいご）

〔執筆担当〕第 4 章

京都産業大学法学部教授

主論文：「軍用ドローンを巡る軍備管理の現状と課題」日本軍縮学会編『軍縮・不拡散の諸相』（信山社、2019年）、「AI ロボット兵器と国際法規制の方向性」安藤仁介先生追悼『実証の国際法学の継承』（信山社、2019年）、「特定通常兵器使用禁止制限条約（CCW）の成立過程」榎本珠良編著『禁忌の兵器──パーリア・ウェポンの系譜学』（日本経済評論社、2020年）

町村　泰貴（まちむら　やすたか）

〔執筆担当〕第 5 章

成城大学法学部教授

主著：『電子証拠の理論と実務──収集・保全・立証』（共編）（民事法研究会、2016年）、『現代訴訟法』（放送大学教育振興会、2017年）、『詳解　消費者裁判手続特例法』（民事法研究会、2019年）

松田　祐毅（まつだ　ゆうき）

〔執筆担当〕第 7 章

日本瓦斯株式会社　執行役員　エネルギー事業本部情報通信技術部　部長

佐藤　聡（さとう　あきら）

〔執筆担当〕第 7 章

connectome.design 株式会社　代表取締役社長

目　次

第1章
AIロボットの尊厳、権利、そして虐待
――動物を参照点とする思考実験

青木　人志

第2章

AI がある日常生活と法

弥永　真生

第3章

憲法の基本原則と AI

山本 龍彦

第4章

AI 兵器と国際法と倫理規範
── LAWS 規制の現状と展望

岩本 誠吾

第5章

民事司法における AI 利用の前提条件
──フランスの裁判情報オープンデータ化を中心に

町村　泰貴

第6章
金融業務のIT化とデジタル法貨・日銀システム

山田　剛志

第7章

AI のある生活を支える ICT とエネルギー

松田　祐毅　佐藤　聡

第1章

AIロボットの尊厳、権利、そして虐待

——動物を参照点とする思考実験

青木　人志

Ⅰ　はじめに——本稿の背景、射程、方法

1　背景—— AI と社会変容が法概念に及ぼす影響

　人工知能（以下 AI）や AI を搭載したロボット（以下 AI ロボット）は、人が作りだしたものでありながら、いまや私たちの生活のいたるところで、人の能力をはるかに超える力を発揮している。人が作り出したものが人の能力を凌駕することそれ自体は、今に始まったことではない。人は、AI の誕生以前から、人の身体能力を圧倒的にしのぐ機械や器具を多数作り出してきた。人よりずっと速く、ずっと長く走り続けられる自動車、はるか遠くにいる人と話し合える電話機、とてつもない重量を持ち上げることができる重機、肉眼ではとても見ることができない世界を眼前させる望遠鏡や顕微鏡等など、具体例は枚挙にいとまがない。

　しかし、AI や AI ロボットが従来の機械・器具と違うのは、それが「自律性」をもつこと、少なくとも「そう見える性質」をもつことである。局面が無限に変化し究極の頭脳戦と言ってもいい囲碁で、すでに AI が名人に勝利し、かつては運転者の手足が操作する通りにしか動かなかった自動車が、AI が搭載されることで自ら「考え」始めている。自動運転車の技術はすでに高度に発達し、無人運転車の公道での実証実験も始まっている。公道を走るのが無人運転車ばかりになれば、運転席が不要になるだけでなく、事故が起きたときの法的責任の所在も変容せざるをえない。

　将来、囲碁や自動車の運転といった特定の作業をするための特化型 AI を超えて、人間の頭脳と同じように考えたり、判断したりすることができる汎用型 AI が登場すると（いわゆる「シンギュラリティ」が起こると）、世界はさらに大きく変わり、上に述べた「責任」のみならず、「人格」、「意思」、「人と物」、「尊厳」といった、我々が長年慣れ親しみ、それを柱として社会や制度を設計していた近代法の基本概念も、根本的な再考を迫られるであろう。

2　射程──AI それ自体については議論せず、AI ロボットを念頭に置く

　本稿では、上の認識を踏まえて、AI の登場が従来の法概念を揺さぶる可能性のある局面から、尊厳、権利、虐待という 3 つの問題を取り上げる。ただし、私は、AI そのものについてはまったくの素人であり、AI の技術的な仕組みを始め「AI そのもの」についての議論はできないので、しない。

　AI の専門家である山川宏氏によると、インターネット上で商品を推薦するサービスのように、AI の中には物理的身体をもたないものもあるから、AI の本質は「知的な情報処理のプロセス」[1]であるという。本稿では、後述するとおり、物理的身体をもつ「動物」を参照点として AI の「虐待」の問題も考えるので、AI のそのような本質を踏まえつつも、物理的存在である「AI ロボット」を念頭に置いて議論を進める。

3　方法──動物を参照点として実定法的な議論を行う

　AI ロボット同様に人間類似の自律性と存在形式をもち、その法的地位と取扱いが長年議論されてきたのが「動物」である。とりわけ動物の「権利」については、この半世紀の間、激しい論争が続いており、様々な分野の専門家が議論に参加している[2]。また、動物の「虐待」をなんらかの形で犯罪だとすることは、約200年前のイギリスに端を発し、すでに日本を含む近代国家の法的基本装備になったといってもいい状況である。しかも、後述するように、動物の「尊厳」について立法上明言する例（スイス法）まで現れてきている。その意味で、動物の地位とその取扱いをめぐっては、議論の相当な蓄積と立法上の明確な進展がすでにあり、AI ロボットという新しい存在の法的地位を考える上でも、動物が有効な参照点たり

1）木村草太編著、佐藤優＝山川宏『AI 時代の憲法論──人工知能に人権はあるか』（毎日新聞出版、2018年）62頁。

うるだろう。

　また、本稿では、とくに実定法（自然法ではなく人間が作った法）に焦点を合わせて動物の現在の地位を観察し、それとの対比から AI ロボットに与えられるべき法的地位を、法的な語彙を用いて議論する。

　法的議論とそれ以外の議論、とくに哲学的・倫理学的議論を截然と分けるのは難しいことではあるが、例えば「権利」という言葉を使うとき、それが狭義の法律用語なのか、より広義の哲学的用語法なのかを意識して議論しないと、議論はいたずらに紛糾する。個々の法概念の背景には、それを支える哲学的思考があることは否定できないが、哲学的議論と法的議論がかみ合わない場面もある。その原因の１つは、普遍性を求める哲学は前提をまず疑うところから始まるが、法学（とくに実定法学）はローカルな法域ごとに議論の前提となる法をまず確認する、という発想の違いである。本稿では、議論が拡大することによる混乱を避けるため、法的用語による実定法的議論を意識して行い、動物をめぐる哲学的・倫理学的な議論は必要最小限の言及にとどめる。

2）「動物の権利」に関係する文献は多数あるが、比較的近年の入手しやすい邦文文献を私自身のものを含めて以下に挙げておく。ローレンス・プリングル（田邉治子訳）『動物に権利はあるか』（日本放送出版協会、1995年）、青木人志『動物の比較法文化——動物保護法の日欧比較』（有斐閣、2002年）、デヴィッド・ドゥグラツィア（戸田清訳）『動物の権利』（岩波書店、2003年）、伊勢田哲治『動物からの倫理学入門』（名古屋大学出版会、2008年）、青木人志「アニマル・ライツ——人間中心主義の克服？」愛敬浩二編『人権の主体（講座人権論の再定位2）』（法律文化社、2010年）、ピーター・シンガー（戸田清訳）『動物の解放〔改訂版〕』（人文書院、2011年）、キャス・R.サンスティン＝マーサ・C.ヌスバウム編（安部圭介＝山本龍彦＝大林啓吾監訳）『動物の権利』（尚学社、2013年）、スー・ドナルドソン＝ウィル・キムリッカ（青木人志＝成廣孝監訳）『人と動物の政治共同体——「動物の権利」の政治理論』（尚学社、2016年）、青木人志『日本の動物法〔第2版〕』（東京大学出版会、2016年）、ゲイリー・L・フランシオン（井上太一訳）『動物の権利入門——わが子を救うか、犬を救うか』（緑風出版、2018年）、山﨑将文「動物の権利と人間の人権」法政論叢54巻2号（2018年）21頁、青木人志「動物の法的地位のゆらぎ——人間と非人間のはざまで」法律時報90巻12号（2018年）22頁。

Ⅱ AIロボットの「尊厳」、「権利」、「虐待」についての議論の進展と本稿の議論の順序

1 旧稿における私の立場

AIロボットに「尊厳」や「権利」があるか。AIロボットの「虐待」を犯罪化することは可能か。これらの論点について、近年、法学者も積極的に発言し始めている。

私自身も、2017年に発表した旧稿において、AIロボットに「権利」を与える可能性、その権利主体性について、動物に関する議論を参照しつつ、当時の私見を素描した。その時点の暫定的な「結論」は次のようなものであった。なお引用中にいうソラムは1992年に人工知能の法人格について論じた法学者[3]の名である。

　動物やAIが知性、意思、意識、感情をどこまで人間と共有しているのかという科学的探究は、今後も続いてゆくだろう。動物やAIの権利主体性を考える上でも、それらの知見が私たちの判断に影響を与えるはずである。だが、そういった科学的知見は、どれをとっても決定的なものとはならないだろう。

　この点で、ソラムが最後に述べている、「裁判官は相互に市民仲間（fellow citizens）として承認し合う人たちの権利を尊重するしかない」という言葉は示唆的である。どの範囲の動物やAIにどの手法でどの権利を与えるか、という法技術的な難問を脇に置いて、ここでは原理的なことだけを述べると、動物やAIに権利主体性が与えられるかどうかは、

3）Lawrence B. Solum, "Legal Personhood for Artificial Intelligences," *North Carolina Law Review*, Vol.70, No.4, pp.1231-1287.

最終的には人間がそれを「社会の構成員」だと認定するかどうかにかかっている。その判断には上記の科学的知見に加え、動物や AI と接する人間側の経験の頻度と深さ、そしてそれらに権利主体性を与えることの実益の有無も、間違いなく影響するだろう[4]。

つまり、旧稿段階での私見の要点は以下である。

①　AI ロボットに「権利」を与えることは、法技術的難問はあれ、原理的には可能である。

②　AI ロボットに「権利」を与えるかどうかの決定的基準は、人間がそれを「社会の構成員」と認めるかどうかである。

③　②の判断には、AI についての科学的知見、AI と接する人間の経験の頻度と深さ、AI に権利主体性を与えることの実益が影響する。

2　その後の議論の進展

この旧稿を公表してから本稿執筆時までの数年間に、AI（ロボット）の尊厳、権利、虐待に関する様々な法学的論考が発表されている。またそれ以前に公表されたものの中にも本稿の問題にとって重要なものもある。そのすべてを取り上げることはできないが、大屋雄裕[5]、栗田昌裕[6]、山本龍彦[7]、大村敦志[8]、河嶋春菜[9]の 5 氏の議論が本稿のテーマと密接

---

4 ）青木人志「『権利主体性』概念を考える —— AI が権利をもつ日は来るのか」法学教室443号（2017年）54頁。なお、原文の誤字を訂正し、「探求」を「探究」とした。

5 ）大屋雄裕「外なる他者・内なる他者 —— 動物と AI の権利」論究ジュリスト22号（2017年夏号）48頁、同「人格と責任 —— ヒトならざる人の問うもの」福田雅樹＝林秀弥＝成原慧編著『AI がつなげる社会 —— AI ネットワーク時代の法・政策』（弘文堂、2017年）344頁。

6 ）栗田昌裕「AI と人格」山本龍彦編著『AI と憲法』（日本経済新聞出版社、2018年）201頁。

7 ）山本龍彦「AI と『個人の尊重』」福田＝林＝成原編著・前掲注 5 ）320頁。

8 ）大村敦志『「民法 0・1・2・3 条」〈私〉が生きるルール』（みすず書房、2007年）。

9 ）河嶋春菜「AI と尊厳」山本編著・前掲注 6 ）248頁。

に関連しているので、これら諸氏の議論を紹介・検討しつつ論じていく。その際、旧稿では触れなかった比較法的知見（とくにスイス動物法の状況）をも加えて、「権利」のみならず「尊厳」や「虐待」にまで視野を広げて、AI ロボットの法的地位を再考してみたい。

3　本稿の議論の順序

　AI ロボットの問題に動物との対比においてアプローチする際には、まず、人間の尊厳、権利、虐待についての法的前提を確認し、次に、動物についてその尊厳や権利さらにはその虐待の犯罪化がどこまで認められているかを調査し、最後に、それを踏まえつつ、AI ロボットの場合はどうか、と考える思考プロセスを踏むのが筋だろう。

　もっとも、AI ロボットの「尊厳」、「権利」、「虐待」をどの順番で論じるかは、やや悩ましい問題である。少なくとも、尊厳や権利についての議論と、虐待についての議論は局面が違う。なぜならば、AI ロボット虐待の犯罪化の可否は、AI ロボットそれ自体が権利やその前提となる尊厳をもつかという問いとは（無関係とは言わないまでも）切り離して議論することが可能だからである。このことは、後述するように、動物の権利はいずれの法域においても実定法上明確には認められていないが、動物虐待罪は約200年も前から近代諸国で実定法化されていることからも、明らかである。

　というわけで「虐待」の問題をまず後回しにするとして、「尊厳」と「権利」についてはどうか。論理的な順序としては、人間の尊厳が権利の実質的土台となるから、まずは尊厳が議論され、その前提の上に存在する権利が、その次に議論されるのが自然であろう。とりわけ、動物や AI ロボットの権利を人権類似のものとイメージすると、そのような議論の仕方が、法規範構造の論理上は適切であるように思う。

　ただし、ここでも難しい問題が 2 つ生じる。

　1 つは、権利をもつ、すなわち権利主体であるということには、憲法上の人権に相当する権利をもつ資格が含まれることは間違いないが、権利主体性はそれに尽きない、ということである。具体的にいうと、憲法的な考

慮とは距離のあるところで、財産法上とくに契約法上の秩序を構成するうえで、一定の目的で結合した人の集団（社団）や、同じく一定の目的で結合させられた財産の集合体（財団）に法人格を認め、それら社団法人や財団法人に「私法上の権利義務の主体性」を認めることが、広く行われており、そのような私法上の権利主体性を議論する際には、「人間の尊厳」や「個人の尊重」といった憲法上の基本原理にまでさかのぼって議論することは実益があまりない。

　もう 1 つの問題は、人権類似の意味での権利主体性を議論する際にも、日本国憲法に明記されていない「人間の尊厳」と、日本国憲法に明記されている「個人の尊重」（憲法13条）や「個人の尊厳」（憲法24条）の概念上の相互関係について、研究者の間に、細かな見解の相違があるということである。さらに言えば、日本の民法も、同法は「個人の尊厳」を旨として解釈しなければならないと規定する（2条）。つまり、「人間の尊厳」と別に、日本の実定法には「個人の尊重」、「個人の尊厳」というよく似た概念が存在しており、それらの諸概念の相互関係について、複雑な議論が行われているのである。

　このような込み入った状況の中で、議論の見通しを良くするため、本稿では、動物を参照点としつつ、まず、① AI ロボットの私法上の権利主体性を取り上げ、次いで、②その憲法上の権利主体性とその際に前提となる尊厳について議論し、最後に、③その虐待の問題を考える。

Ⅲ　AI ロボットの私法上の権利主体性（私権享有主体性）

1　私法上の権利主体性（私権享有主体性）とは

　AI ロボットの「権利」を論じる上では、上に見たように、私法上の権利主体性と憲法上の権利主体性を分けて考えた方が、議論は混乱しない。まずは前者、つまり私法上、AI ロボットが財産法上の権利・義務の帰属点や、契約の主体になれるかを考える。そして、その参考に資するため、それに先立ち動物についても同じ問題を考える。

　日本の民法には、「私権の享有は、出生に始まる」と規定されている（3条1項）。この規定の背景には、およそすべての人間（自然人）は平等に権利能力をもつという原理があるが、そのことは自明のことなので、民法はわざわざ明記しなかったのだと理解されている[10]。

　つまり、人については、人として生まれていれば、まさにその事実だけで、平等に私法上の権利が与えられることになる。この法的公理は、人類の誇るべき到達点であり、長い法の歴史の中では最初から自明なことであったわけではない。このことは、かつて世界のあちこちに、しかも19世紀半ばまで堂々と存在していた奴隷制のもと、生物学的には人である奴隷が法的には権利の客体つまり「物」として扱われ、現代の私たちのように自由に財産を所有したり契約の主体になったりすることができず、あげくは売買の対象にすらされていたことに思いをはせれば、すぐに了解できるはずである。

10）大村敦志氏は「凡ソ人ハ私権ヲ享有シ」と規定していたボワソナードが作った旧民法（人事編1条）を引きつつ、「やはりこのことははっきり民法に規定した方がよかったように思います」と述べている。大村・前掲注8）29頁。

2　動物の私権享有主体性

　動物には私法上の権利主体性を与えることができるだろうか。例えば、動物自身が財産を所有したり、飼い主の遺産を相続したり、契約の主体になったりすることができるだろうか。

　権利主体である「人」と、権利客体である「物」とに、世界を大きく2分し、「人」には「自然人」（動物学上のホモ・サピエンス）のほか「法人」が含まれるとするのが、現在の日本の民法の立場である。動物（ホモ・サピエンスを除く）が「自然人」でないことは、定義上明白である。また、法人は法律の規定がないと成立しない（法人法定主義）[11]。そして、現行日本法上、動物を法人だとする法律は存在しない。つまり、動物は、現行の日本法では、私法上の権利主体ではない。動物は「物」である。

　ただし、ここで動物の権利についての思考実験を、将来を展望しつつ行う際に、ぜひとも考慮すべき比較法的な状況がある。それは、1980年代の終わり頃から、西欧諸国の民法が、次々と「動物は物ではない」という規定を置いたり（オーストリア、ドイツ、スイス）、動物を「物」のカテゴリーから明示的に外したり（フランス）する法改正を行ったことである。

　むろん、これらの諸国において、動物が一足飛びに「人」になったわけではない。「動物は物ではない」としつつ、その直後に、ただし特別の規定がないかぎり動物には物に関する規定を適用する、というただし書きがつくからである。つまり、動物は物ではない、と象徴的に宣言してはいるものの、動物の取扱いがそれによって劇的に変わったわけではない。すでに世界各国の法が動物虐待罪規定をもっていることからわかるように、動物の所有権者（飼い主）といえども、当該動物を単なる物として、ほしい

11）民法33条、34条には法人に関して次の規定がある。「法人は、この法律その他の法律の規定によらなければ、成立しない。」（33条1項）、「学術、技芸、慈善、祭祀、宗教その他の公益を目的とする法人、営利事業を営むことを目的とする法人その他の法人の設立、組織、運営及び管理については、この法律その他の法律の定めるところによる。」（同2項）、「法人は、法令の規定に従い、定款その他の基本約款で定められた目的の範囲内において、権利を有し、義務を負う。」（34条）。

ままに虐待したり遺棄したりできるものではない。こういった「法律上の特別の扱い」がすでに行われている状況を前提に、あらためて、「物ではない動物は、特別の規定で保護される。ただし、それ以外の場面では物と同じ法的取扱いを受ける」ということが、宣言されたのである。

　現状を確認しただけの規定のようでもあるが、純学理的には、この規定はかなり大きなインパクトをもつ。なぜならば、この規定は、民法の強固な土台である「人」、「物」の2分法にすっきりおさまらない「動物」という第3のカテゴリーを正面から承認し、民法世界の2つの巨大な礎石の間に「きしみ」あるいは「ゆらぎ」を与えるものだからである。

　そして、このような動きは、民法にとどまらず、刑法の世界にも及んでいる。その具体例が1994年に全面改正されたフランスの新刑法典である。この新刑法典において動物虐待罪は、「人に対する罪」でも「財産に対する罪」でもなく「その他の罪」という第3のカテゴリーに属する犯罪として、人の胚や臓器に対する犯罪と並んで分類された。

　このような原理的な地位変動を根拠の1つにして、動物はすでに法人であるとし、その私法上の権利主体性を正面から認める民法学者もフランスには現れている[12]。ただし、この「動物＝法人」説は、日本とは実定法上の規定や制度が違い、かつ、法人法定主義をとらないフランスだからこそ主張可能なものであり、日本法上で同じような「解釈論」を主張することは不可能である。

　では、「立法論」だったらどうか。日本で、動物を私法上の権利主体性をもつ「法人」だという法律を作り、動物を私権の享有主体とすることは「原理的に」可能だろうか。じつは私は、旧著でこの「原理的な可能性」を認めた[13]。この考えは今も変わっていない。

　そもそも私法上の法人格はすぐれて技術的なものである。法人格を認め

12）マルゲノーの議論を原語で直接確認したい方は Marguénaud, Jean-Pierre, "La personnalité juridique des animaux," *Recueil Dalloz*, 1998, chroniques, p.205. を参照のこと。この議論については青木・前掲注2）『動物の比較法文化──動物保護法の日欧比較』（258頁以下）、『日本の動物法〔第2版〕』（225頁以下）で紹介した。
13）青木・前掲注2）『動物の比較法文化──動物保護法の日欧比較』266頁、『日本の動物法〔第2版〕』224頁。

て私法上の権利義務の主体とした方が便宜であれば、財産の集合体にすら財団法人として法人格を付与できる。もちろん財団法人には、その機関となる自然人がいる。しかし、法理論的には、財産の集合体の上に私法上の権利・義務が帰属している。あるいはまた民法に相続財産法人という制度がある。相続人のあることが明らかでないときは、相続財産は法人とする（951条）と明記されている。相続人がいなくても遺産を放置せず、相続財産を法人として管理するのである。法人格の技術性がとりわけ際立つ例である。

　このように抽象的にしか観念できない財産の集合体にすら権利義務の帰属主体性を認められるのであれば、自然人同様に血の通った身体をもち、その実在を触って確かめることのできる動物（「種」としてではなく「個体」としての動物）に法人格を付与することが「原理的にできない」とする理由はない。

　しかし、かといって、私は、すぐに動物を法人とする法律（動物に私法上の権利主体性を付与する法律）を作るべきだとは考えていない。なぜならば、私法上の権利主体性を動物に与えることによって、現在の法制度のどのような不都合が解消され、あるいは、どのようなより好都合なことが行えるようになるのかが、はっきりしないからである。例えば、愛するペットがいる重病人が、そのペットの将来を案じて、自分が死んだら財産をペットに相続させたいと考えるかもしれない。その気持はよく理解できる。ただ、現在すでに利用可能な法制度、例えば、ペットのための信託（ペット信託）を利用することで、その世話にかかる費用をあらかじめ相続財産から除いておき、しかるべき人や団体に受託者になってもらい、残されたペットの世話に遺漏なきようにすることはできる。それなのに、あえて、ペットそれ自身に法人格を認めて相続「人」と同じに扱うことに、どれだけの実際的メリットがあるのか。また、そうすることで、どれだけの理論的・実際的な不都合（副作用）があらわれるのか。また、仮に、ペット自身を契約の主体とするとしたら、その意思はどうやって知りうるのか。ペットを未成年者や成年被後見人と類似の存在と観念し、法定代理人となる自然人を置くことはできるかもしれないが、その自然人はどうやって選ぶのか。そしてやはりここでも、ペットをそのような契約法上の権利

義務の主体とすることに、どのような実益があるのか。これが問題の核心である。

　前出のフランスの「動物＝法人」説は、この点も考えられている。詳細は略すが、動物法人を構想して動物を一種の扶養請求権の主体とし、それを梃にして、遺棄されたペットを保護した団体が、その世話にかかった費用を遺棄者に対して求償できるようになると主張している。つまり、動物の権利主体性を、抽象的・理想論的次元でのみ考えているのではなく、保護費用を動物遺棄者に求償できるようにしたいという具体的課題を解決するための有効な理論構成として「動物＝法人」説を主張しているのである。「動物＝法人」説は、動物に私権の享有主体性を承認しようとする抽象論にとどまるのではなく、動物に特定の権利の主体としての地位を認めることで具体的な問題について妥当な結論が導かれるという見込みのもと、その理論的前提として展開されている一般論だという側面を、見落としてはならない。

3　AI の私権享有主体性

　では AI の私権享有主体性に移ろう。この問題について踏み込んだ議論をしている法学者の 1 人が栗田昌裕氏である[14]。栗田氏は、2 つの具体的設例を挙げて、それに即して議論を展開する。1 つ目の設例は、自動走行車が傷害事故を起こした場合、被害者の損失はどのように補塡されるべきか（設例 1 ）、2 つ目は、人工知能（AI）を受託者とする信託は可能か（設例 2 ）というものである。

　栗田氏が詳細な議論を通じて引き出した結論の要点は、以下のように整理できるだろう。

　①　現行法上、AI に法人格はないが、法人をモデルとして人工知能法
　　　人という制度を立法することはできる[15]。問題はその必要性である。

14）栗田・前掲注 6 ）。
15）栗田・前掲注 6 ）208頁〜211頁。

② 自動走行車の事故紛争（設例1）で予想される課題、すなわち、被害者の救済、司法の負担軽減、技術の萎縮の防止、原因究明と再発防止のための情報の集約等は、無過失補償制度や強制保険によって十分に対処できるので、この場面でAIに法人格を認める必要性は乏しい[16]。

③ AIを受託者とする信託（設例2）では、資産運用を行うロボアドバイザー、ロボット不動産管理信託は、取引が自動化されていたとしても、当事者の先行する意思によって覆われているかぎり、特別な問題は生じない[17]。

④ これに対し、AIそのものを受託者とする信託は、仮にAIに法人格を認めたとしても、意思の問題を検討する必要がある[18]。自然人を受託者として信託を設定する場合、その者が意思能力を有し、行為能力を制限されていない必要がある（信託法7条）からである。しかし、この規定はAIを受託者とする上で深刻な障害にはならない[19]。

⑤ 法律行為は行為者の意思を基礎としており、意思がなければ効力を有しないから、AIを受託者とする信託の設定において問題となるのは、むしろ意思の存在そのものである。もっとも「意思」の内容は、表示行為から推定することができる。AIに意思が「存在」することは証明できないが、表示行為に対応する意思の「内容」は推定できる。どちらを重視するかで、(a)意思の存在しない（少なくとも存在を証明できない）AIとの契約を認めない、(b)例えば「AIの法律行為については、意思表示に対する意思が存在するものとみなす」という規定を創設してAIに意思を擬制する、という2つの選択肢がある[20]。

⑥ 後者の選択肢は、新しい時代にふさわしい単純明快な解決に見えるし、法技術的にも不可能ではない。しかし、AIに意思を擬制するこ

16) 栗田・前掲注6）226頁。
17) 栗田・前掲注6）228頁。
18) 栗田・前掲注6）228頁。
19) 栗田・前掲注6）229頁。その理由は、知的能力の低いAIには法人格を与えなければよく、また、AIの行為能力を制限する規定はないからである。
20) 栗田・前掲注6）230頁〜231頁。

とは、私的自治の原則という基本的枠組みに亀裂を入れることになり、それが生み出す矛盾は簡単には予測できない[21]。

　氏の議論は、AI ロボットの私権享有主体性を認める原理的・技術的可能性を肯定しつつ、自動運転事故、AI を受託者とする信託という 2 つの具体的設例に即し、その「必要性」の有無と、その権利主体性を認める場合の法理論的・法技術的可能性を検討したものである。前者の設例については AI に法人格を認める必要性が乏しいとし、後者の設例については、AI に法人格を認める実益と法技術がありうることを慎重かつ控え目に指摘しつつ、同時にそれが近代私法秩序の原理（私的自治）に「亀裂」や「矛盾」をもたらす可能性をもつという未知のおそれも指摘する。

　動物や AI に私法上の権利主体性を認めることは原理上不可能ではないが、その実益をまず問題にすべきだとする従来からの私見と、栗田氏の議論は大きな方向性においてパラレルなものがある。しかし、氏の議論は、私見をはるかに超えるところまで緻密な検討を加えており、現在もっとも参照されるべき見解（少なくともその 1 つ）だと考える。

4　小　括

　栗田氏も私も、ともに AI ロボットに対して将来立法を通じて私法上の権利主体性を与えることは原理的に可能だと考えている。しかし、問題はその実益とそれを実現する法技術である。この段階になると、あくまでも具体的な問題、例えば AI によって制御された自動運転車の事故の責任や AI が信託の受託者になれるかといった問題に即して、具体的・個別的な法学的検討が必要になる。AI ロボットの私権享有主体性を抽象的・一般的に議論しても、あまり実益はない。

　その点、栗田氏が、具体的な上記 2 つの設例に即して議論を行っているのは適切な姿勢である。氏の慎重かつ精緻な検討の結論からは、AI ロボットの権利主体性を即座に認めるべき状況は、これらの 2 つの場面につ

21）栗田・前掲注 6 ）232頁。

いては存在しないようだ。しかし、将来、さらなるAI技術の進歩とともに新しい問題が生じ、その問題が、AIロボットの私権享有主体性を認めることで、公平で妥当な解決が与えられるならば、（日本法は法人法定主義をとるので）新しい立法を通じてAIに法人格を適切な範囲で付与することが、検討されてもよい。

Ⅳ　AIロボットの憲法上の権利主体性と尊厳

1　「人権」と「尊厳」

　AIロボットの権利のうち、私法上の権利だけを先に議論した。次に、憲法上の権利主体性、人権享有主体性について議論しよう。その際、人権の基礎あるいは淵源とされる「尊厳」の概念も合わせて検討する。後述するように、動物を参照点としてAIロボットの人権類似の権利主体性を比較法的に議論するのであれば、「動物の尊厳」という概念を真正面から実定法にすでに取り入れているスイス法を、参照しないわけにはいかない。

　ただし、日本法の用語を念頭に議論すると、込み入った問題に直面する。すでに本稿の叙述の順序を述べた際に触れたとおり、「人間の尊厳」は、ドイツやスイスの憲法や世界人権宣言などに明記され、各国憲法や国際人権法において広く承認された原理である。しかしそれは日本国憲法には明記されていない。一方、日本の憲法や民法では「個人の尊重」（憲法13条）と「個人の尊厳」（憲法24条、民法2条）が明記されている。つまり、「人間の尊厳」とよく似た、「個人の尊重」、「個人の尊厳」という概念が日本の実定法上共存しており、それら諸概念の相互関係について学説上精密な議論が行われている[22]。

　その議論の全体像はとても紹介しきれず、本稿の目的からその必要もないので、以下、憲法学者である山本龍彦氏の理解と、民法学者である大村

22）詳細は青柳幸一『憲法における人間の尊厳』（尚学社、2009年）。とくにその第1章（「個人の尊重」と「人間の尊厳」──同義性と異質性──）とそこに引用されている諸文献を参照してほしい。また、ドイツの基本法（憲法）における「人間の尊厳」概念とその機能については、玉蟲由樹『人間の尊厳保障の法理──人間の尊厳条項の規範的意義と動態』（尚学社、2013年）が詳細かつ広汎に論じている。

敦志氏の理解（のみ）を簡単に紹介しておこう。

　まずは山本龍彦氏の見解である。

　氏は、日本国憲法の「個人の尊重原理」を4層に分けて段階的・多元的にとらえることで、従来提示されてきた多様な見解を統合的に理解することを提案する[23]。憲法上の「個人の尊重」原理は、①人間の尊厳→②狭義の個人の尊重（集団からの解放）→③個人の尊厳（自律）→④多様性・個別性の尊重という下の4層から成り立っているとする。

①　第1層＝「人間の尊厳」に関わる層
　　個人は人間として尊重されなければならないという考え方。
②　第2層＝「狭義の個人の尊重」に関わる層
　　個人は人格的存在として平等に尊重されなければならないという考え方。
③　第3層＝「個人の尊厳」に関わる層
　　個人は人格的自律の存在として尊重されなければならないという考え方。
④　第4層＝「多様性・個別性の尊重」に関わる層
　　個人が自律的・主体的に決定・選択した結果を尊重しなければならないという考え方。

　このように、山本氏は、「人間の尊厳」と「個人の尊厳」を、「個人の尊重」という憲法上の原理を重層的に構成するその層の一部として、それぞれとらえている。別の言い方をすると、「個人の尊重」という概念の内部に「人間の尊厳」と「個人の尊厳」という2つの概念が包摂されている、ともいえる。

　次に、大村敦志氏に耳を傾けてみよう。

　氏は、「個人の尊重」と「人間の尊厳」は着眼点が違い、それぞれはっきりした意味を持っているとする。「個人の尊重」とは、「個々の人間」をそれ自体として尊重するということであるのに対し、「人間の尊厳」とは、

23）山本・前掲注7）337頁〜339頁。

より抽象的・一般的な「人間という存在」の価値を前面に出して、その存在に値する扱いをするということである。では「個人の尊厳」はどうかというと、「個人の尊重」と「人間の尊厳」のどちらか一方を指していると考えることもできるし、「個人の（人間としての）尊厳」を指していると考えることもできる。いずれにせよ、「個人」を「人間の尊厳」との関係でとらえようとすると、個人が同意しても自由にならない場面、自己決定が人間の尊厳によって制約される場面がありうる。例えば、人体実験については、本人が同意を与えていてもそれだけで直ちに認めてよいかは疑問であるし、人間を「見せ物」にすることが許されるのかといった問題もある。例えば、「小人投げ事件」と呼ばれるフランスの事件では、極端に身体が小さな人本人が、お祭りで行われる「小人投げゲーム」で投げられ役になることに同意したとしても、このようなことを認めてよいかが問題になった。「人間の尊厳」を重視すると、表面的には個人の自由が制限されることになるが、「人間の尊厳」という共通の価値を守るために、個人としては我慢しなければならないこともあるのではないか、と氏は述べている[24]。

　山本氏と大村氏の理解は、一見かなり違っているようにも思われるが、山本氏が「個人の尊重」の最基層部に「人間の尊厳」を置き、大村氏が「個人の尊重」が「人間の尊厳」によって制約されることがあるとしている点をみると、重なり合う部分もある。

　本稿では、類似概念の相互関係の分析にはこれ以上立ち入らず、人権は「人間固有の尊厳」に由来し、日本国憲法は「人間の尊厳」の思想を、「個人の尊重」という原理を通じて宣明しているという基本的な理解[25]に立つことだけを確認して先に進む。

24）　大村・前掲注8）132頁～134頁。
25）　芦部信喜（高橋和之補訂）『憲法〔第7版〕』（岩波書店、2019年）82頁。

2　人権類似の「動物の権利」と「動物の尊厳」

(1)　人権類似の「動物の権利」論

　「動物の権利」というとき、ほとんどの論者にとって、まっさきに念頭に浮かぶのは、人権に類似した権利、つまり、動物のもつ生命、身体、自由への権利である。過酷な環境や残酷な方法による工場畜産や、野放図になりかねない動物実験や、ときに動物の本性に反することを強いるペット飼育といった諸問題を告発する手段として、「動物の権利」がしばしば主張・援用されてきた。「動物の権利」と対比される理念に「動物の福祉」がある。後者は、動物を親切に良く扱おうとする考え方で、広く近代法に取り入れられている理念である。「動物の権利」論は、「動物の福祉」論が、動物の置かれた状況を改善するどころかむしろ総体としては悪化させている、という問題意識から主張される、よりラディカルな考え方である。

　この論争には、法律家のみならず、倫理学者や政治哲学者も多く参加してきた。動物の苦痛を人間の苦痛と平等に道徳上考慮すべきだとする功利主義的な見解（シンガー）や、動物に平等な配慮をするとしたら、動物を「人格」とするしか道はないとする考え方（フランシオン）や、「人間と動物でつくる共同体」（Zoopolis という造語で呼ぶ）を構想し、一部の動物にその共同体の「市民権」を認めて、社会全体をデザインしなおそうとする見解（ドナルドソン＝キムリッカ）などがある一方で、悲惨な飼育状況に置かれた大型類人猿などを「クライアント」と呼んで、それらに法人格がある（人権類似の権利をもつ）と裁判上主張することで、それらの動物たちを窮状から救い出す具体的な法廷闘争に力を注いでいる論者[26]（ワイズ）

26）弁護士のワイズ（Steven M. Wise）は、「動物の権利」（animal rights）の下位概念として「人権」（human rights ＝ヒトという動物の権利）と「ヒト以外の動物の権利」（nonhuman animal rights）を構想し、立法・訴訟・教育を通じて「ヒト以外の動物」に基本権を与える活動を精力的に行っている。ワイズが創設し率いている NON-HUMAN RIGHTS PROJECT のウェブサイト（https://www.nonhumanrights.org/）には、訴訟活動の経過が詳しく報告されている（最終閲覧日・2020 年 5 月 1 日）。

もいる。

　ただし、実定憲法上、動物にこのような人権類似の基本権を与えること
を、はっきりと宣言した法域はない。その意味では、先に検討した私権の
享有主体性同様に、この問題もまた「立法論」あるいは「思考実験」とし
て語るしかない。

　とはいえ、これに関係して、注目すべき比較法的な動きがあることも、
また事実である。その１つは、西欧諸国の中に「動物は物ではない」と明
示的に宣言する国が次々と現れていることである。この点についてはすで
に述べたので繰り返さない。より注目すべきもう１つの動きは、「動物の
尊厳」を実定法中に明記した国が現れていることである。それはスイスで
ある。以下その法状況の概略を紹介する。

(2)　「動物の尊厳」概念の実定法化──スイス法の試み

　スイス憲法[27]から話を始めよう。まず前文に「スイス国民及び州は、
被造物に対する責任（die Verantwortung gegenüber der Schöpfung；la
responsabilité envers la Création）を自覚し」とある。第２編（基本権、市民
権及び社会目標）第１章（基本権）の冒頭には、「人間の尊厳（die Würde
des Menschen；la dignité humaine）は、尊重され、保護されなければなら
ない。」（７条）と宣言されている。

　また、スイス憲法120条には、「人以外の領域における遺伝子技術」につ
いての規定がある。そこでは、「人間及びその環境は、遺伝子技術の濫用
から保護されなければならない。」（１項）という規定に続き、連邦が、「動
物、植物及びその他の有機体の生殖物質及び遺伝物質の取扱い」について
法令を制定する際に、「被造物の尊厳（die Würde der Kreatur；l'intégrité
des organismes vivants）並びに人間、動物及び環境の安全を考慮し、並び

27）スイス憲法の翻訳と解説として、国立国会図書館調査及び立法考査局『各国憲法集
　⑹スイス憲法（基本情報シリーズ⑫）』（2013年３月）があるので、スイス憲法の条文
　の翻訳は基本的にこれに従うが、一部訳語や表記を修正した。なお、多言語国家であ
　るスイスの法は、ドイツ語、フランス語、イタリア語、レート・ロマンシュ語の４種
　類の正文があるが、原語を引用する必要があるときには、ドイツ語正文とフランス語
　正文の表現だけを引用することにとどめる。

に動植物種の遺伝的多様性を保護する。」（２項）としている。この規定が制定されたのは1992年である。

　ご覧のとおり、前文においても遺伝子技術に関する規定（120条）においても、スイス憲法は「動物」（Tier; animal）の尊厳という表現は使わず、動物を含む「被造物」を表す諸表現（Schöpfung; Création; Kreatur; organismes vivants）が使われているが、人間以外の被造物の「尊厳」という表現があること自体がまず注目される。

　動物について直接言及している規定もある。それは動物保護（Tierschutz；Protection des animaux）と題されたスイス憲法80条である。同条は、連邦は、動物の保護について法令を制定する（１項）としたうえ、連邦がとくに規律する事項として、①動物の保管及び飼育、②動物実験及び生体動物に対する侵襲、③動物の利用、④動物及び動物を利用した製品の輸入、⑤動物のと殺、を列挙する（２項）。なおスイスでは1999年に憲法が全面改正（現代化）されている。

　一方、民法では、オーストリア（1988年）、ドイツ（1990年）に続いてスイスでも、スイス民法（641a条）において、「動物は物ではない（Tiere sind keine Sachen.；Les animaux ne sont pas des choses.）」としつつ、「特別な規定がないかぎり、物に対する規定を動物にも適用する」と規定した。この規定は2002年に制定されている。

　このような法環境の中で、2008年にスイスの「動物保護法」（Tierschutzgesetz; Loi fédérale sur la protection des animaux）は、同法の目的規定（１条）において、「動物の尊厳（Würde；dignité）と福祉（Wohlergehen；bien-être）」を保護することが、法の目的であると宣言した。

　しかも、引き続く定義規定（３条）の中で、「尊厳」について以下のように明確に実定法上の定義を与えたのである。

　尊厳：動物を取り扱う者により尊重されなければならない動物の固有の価値（Eigenwert; valeur propre）。動物に課された負荷（Belastung；contrainte）が、優越する利益（überwiegende Interessen; intérêts prépondérants）によって正当化することができないときは、動物の尊厳の侵害となる。苦痛、困難、若しくは害悪が動物に課されたとき、動

物が苦悩し若しくは品位をおとしめられたとき、動物の身体外貌や能力を著しく改変したとき、又は、動物を過度に道具化したときは、負荷がある。

この定義規定には、以下の内容が含まれている。

① 　尊厳は動物の固有の価値であり、動物への負荷により侵害される。
② 　しかし、優越する利益により、動物への負荷が正当化されることがある。
③ 　動物に対し、(a)苦痛・困難・害悪を与える、(b)苦悩させ品位をおとしめる、(c)身体外貌と能力を著しく改変する、(d)過度の道具化を行う場合に、動物への負荷が認められる。

この規定は、いくつかの重要な問題をはらみ議論を触発している。

「人間の尊厳」という場合、「尊厳」は絶対的なものである。優越する利益の存在によってその「尊厳の侵害」が正当化されるということは、人間の尊厳に関してはありえないだろう。山本龍彦氏が「個人の尊重」の最基層部に「人間の尊厳」を置き、大村敦志氏が個人の自由の制約原理として「人間の尊厳」を置いているのも、このような尊厳の絶対性が念頭にあるからであろう。それにもかかわらず、スイス動物保護法は「人間の尊厳」というときと同じ表現の「尊厳」（Würde; dignité）を使って「動物の尊厳」を規定し、同時に比較衡量の対象となるものとした[28]ので、この矛盾をどう解決するかが解釈上の難問となる。原理的に比較衡量可能だとしても、それに「優越する利益」とは具体的には何を指すのかが問題とならざ

28）本文中に述べたとおり、憲法自体の中にも「人間の尊厳（Würde des Menschen；dignité humaine）」規定（7条）と別に「被造物の尊厳（Würde der Kreatur；intégrité des organismes vivants）」という表現がある（120条）。120条の規定におけるフランス語正文にいう被造物の「尊厳」は dignité ではなく intégrité が使われているので、人間についていう「尊厳」とは違う単語が用いられている。しかし、ドイツ語正文においては、いずれも Würde が用いられているので、本文中で指摘した問題は、憲法の条文の相互関係の中ですでに起きている問題である。

るをえない。

　さらに、動物の尊厳を侵害する「負荷」の内容として明記されている要素も注目される。身体的苦痛・精神的苦悩がまっさきに列挙されているのは理解しやすい。これらは動物の感覚（苦痛を感じる能力）を重視してきた従来の「動物の福祉」論がつねに重視してきた要素だからである。

　しかし、そのような苦痛感受性を超える部分、すなわち、「品位をおとしめる」、「身体外貌や能力の著しい改変」、「過度の道具化」といった負荷は、従来の動物の福祉論ではカバーされていなかった要素である。動物は侮辱や羞恥を感じる能力を欠くと思われるので、「品位をおとしめられた」(erniedrigt；avili) と感じたり、「外貌が改変されて恥ずかしい」と感じたりする主観的能力をもたないだろうから、これらは、動物の内面の経験や主観的な感覚とは直接は結び付けられない負荷だと理解すべきであろう。ましてや最後の「過度の道具化」はもっぱら人間側の事情を述べているのであって、動物の主観的経験とは別の話ということになるだろう。

　具体的には、動物の身体の一部の切断、奇抜なトリミングや着色、動物の死体の取扱い、動物実験・動物園・サーカスなどが、品位のおとしめ、外貌の著しい改変、過度の道具化、といった負荷の観点から、その妥当性が問い直される可能性があると思われるが、これらについてのスイス法の判例・学説の検討は他日を期す。

　本稿で指摘したい最も重要な点は、「動物の尊厳」を正面から実定法に取り入れて、しかも、明確に定義してみせたスイス動物保護法は、動物の福祉論に基づく従来の動物保護法を明らかに踏み越えるものとなっているということである。実際、この点をもって、「苦痛中心」(pathocentric) の動物保護法から、生物そのものの存在に道徳的価値を見出す「生命中心」(biocentric) の動物保護法へと移行したスイス動物保護法は、世界初の新次元の動物保護法になったと評する論者もいる[29]。

　その一方、このように「尊厳」概念にあまりに異なった保護要求を含ま

---

[29] Bolliger, Gieri, "Legal Protection of Animal Dignity in Switzerland: Status Quo and Future Perspectives." *Animal Law* 22 (2016) pp.311–395. Bolliger の本論文は、スイスにおける「動物の尊厳」概念の意義と問題について詳細で包括的な議論を展開し、参考文献の引用も充実している。

せると、その輪郭はどうしてもぼやけてしまう。スイス法は、「人間の尊厳」と「被造物の尊厳」とを共に規定し、さらに「動物の尊厳」まで規定した。それぞれの尊厳の内容の明確化に努めることは可能だとはいえ、最終的には、例えば、「苦を感じる能力のある生物の尊厳」と「苦を感じる能力のない生物の尊厳」のような、さらなる区別がなされなくてはならなくなるという予測も行われている[30]。

　動物に憲法上の権利主体性を与えよという考え方（動物の権利論）は、人種差別に反対する公民権運動やフェミニズム運動（当時の日本の用語ではウーマンリブ）の高まりとほぼ同時に力をもち始めた。以来約半世紀の時を経て、理論的主張としてはかなりの存在感をもつに至っているが、実定法中に動物の権利を明記した法域はまだ存在しない。そのような中、スイス法だけが、憲法に「被造物の尊厳」を、そして、動物保護法に「動物の尊厳」を明記し、従来の動物福祉法の枠組を超えて一歩踏み出している状況がある。

3　AI ロボットの尊厳と憲法上の権利主体性

　では、AI ロボットの尊厳や人権については、日本の法学者はどのような発言を行っているか。「AI と尊厳」について真正面から発言しているのは、河嶋春菜氏である[31]。

　河嶋氏は、人間の尊厳は、他の存在に対する人間の優越性をベースにしているので、人間の尊厳は「AI そのものには認められない」と端的に結論付ける。その上で、「AI が装着された人間」について議論し、それはあくまでも人間が生体工学の力で補完・増強された状態であるから尊厳を有するとする。ただし、氏は、例えば AI ロボットの場合は、同じ部品やビッグデータを装備して大量生産できるかもしれないが、人間の場合はそうはいかないことを指摘し、まさに人間の尊厳こそが、人類の本質を損な

30）フランク・ディートリヒ（小林道太郎訳）「苦を感じる能力のない生物の保護されるべき価値についての考察」加藤泰史＝小島毅編『尊厳と社会（上）』（法政大学出版局、2020年）319頁以下。

31）河嶋・前掲注 9 ）250頁〜251頁。

う行為から個人を守るとする。つまり、自己をサイボーグ化する自由は、自己のクローン作りや代理母になる自由が制限されるように、人類の本質に反するならば、制限される可能性があるとしている。

　河嶋氏の理解に従うと、人間の優位性を当然の前提とした「人間の尊厳」を謳うのであれば、それと同時に「被造物の尊厳」や「動物の尊厳」を実定法に取り入れているスイス法は一見して矛盾をはらんでしまうので、それぞれの尊厳を概念的に区別することによってしか、その矛盾から抜け出せないことになるだろう。

　このような河嶋氏の見解は、現在の法状況の下では、おそらく多くの支持を得ると思われるが、「人間の尊厳」は歴史的には人間以外の存在である動物や AI ロボットとの関係で主張されてきたものではない。それは、まさに「人間に向けて」主張されてきたものである。ともすると人間の尊厳が踏みにじられがちになる人間社会において、人間はすべて、たんに人間であるという事実だけで、侵すことのできない尊厳をもった平等な存在である、とするための基本原理だったはずである。人間以外の存在に対する人間の優位性は、そこから帰結する一種の副産物である。動物や AI ロボットの尊厳は、人間の尊厳を承認したとたん一切語ることができなくなる、というほど窮屈なものではあるまい。

　実際、AI ロボットの尊厳を認める可能性について、踏み込んだ発言をしている論者もいる。

　例えば山川宏氏は、感情や判断力をもった AI が人間に準ずる尊厳をもつべきかどうか、という憲法学者の木村草太氏の問いに答えて、それを言下に否定せず「もつべきかどうかは、みなさんで考える必要があります」と答えている[32]。また、その問いを発した木村氏自身も、AI の尊厳が「宗教観」とも関係があるとし、AI に尊厳を与える可能性を示唆している。氏は、人間が特権的な存在で、機械や動物は人間による支配の対象だとするキリスト教的宗教観の下では、AI がどう発展しようとも道具として消費されるから、仮に、AI の尊厳を考えるにしても、AI の所有者の権利として観念できるものに限定されると予想する。他方、氏は、日本は八

32）木村編著、佐藤＝山川・前掲注1）98頁～99頁。

百万の神や付喪神の世界で、古くなったまな板にも人格を感じる国なので、AIに尊厳を見ることに躊躇がなく、尊厳を認める下地はできている、とも言う[33]。

　あるいはまた、法哲学者の大屋雄裕氏の議論は、次のようなものである。

　大屋氏は、人格や責任を考える重要な鍵は、制度全体を構成する我ら人間がすべて等しくかけがえのない生命を持っており、痛みや苦しみを感じうる主体であるという可傷性（vulnerability）への意識であるが、AIやロボットは可傷性をもたず複製可能である（かけがえのなさをもたない）という。かけがえのなさとは、他の存在と区別される個（individual）＝分割不能（in-dividual）な単位として代替不能だからこそ成立する性質であるが、ネットワーク化するAIの本質は、そもそも互換可能性を全面的に実現したり、他者と自己を区別する境界を消し去ろうとしたりする点にある、と指摘する[34]。

　その上で、大屋氏は、将来の選択肢は3つだという。①それが種のエゴイズムであろうが種差別であろうが、AIや動物はあくまでもモノあるいは良くて二級市民なのだと言い切る、②可傷性・個別性の問題から目をそらし、彼らを我々の共同体のフルメンバーとして迎え入れる、③ロボットやAIに痛みの感覚や死への恐れ、自己のかけがえのなさの意識を与えていくこと、我々と同様に可傷性を担う存在として作り上げていく、という3つである[35]。

　このように、大屋氏も、AIや動物の尊厳及びそれらの憲法上の権利の享有主体性を、未来に対して開かれた問題として扱っている。

4　小　括

　大屋雄裕氏のいう可傷性・個別性が、「尊厳」すなわち「かけがえのな

33）木村編著、佐藤＝山川・前掲注1）99頁。
34）大屋・前掲注5）「人格と責任──ヒトならざる人の問うもの」358頁〜360頁。
35）大屋・前掲注5）「外なる他者・内なる他者──動物とAIの権利」53頁〜54頁。

27

さ」の重要な構成要素であることは間違いないだろう。栗田昌裕氏が、「現在の技術の延長線上の未来」ではとの留保つきで、汎用 AI は、人間とは本質的に異なり、ネットワークに接続され、絶えず、バックアップ、アップデート、ロールバックされ、コピーされるとし、物理的実体としてのロボットは交換可能な端末にすぎないから、「かけがえのなさ」を享有しないとしている[36]のも同じ考え方の上に立っているのだろう。ただ、もし、大屋氏の言う個別性という表現で、栗田氏の問題としていることが十分に捕捉できなければ、「唯一無二性」を「かけがえのなさ」の第3の要素として加えてもよいだろう。

　大屋氏の示す将来の3つの選択肢は、それぞれ、①従来の意味での「かけがえのなさ」を尊厳や人権の前提として維持し続ける、②従来の意味での「かけがえのなさ」を尊厳や人権の前提としない、③ AI ロボットに「かけがえのなさ」を植え付ける、と言い換えることができる。③の選択肢については、大屋氏自身、「意味があるかもわからない」と述べているとおり、とりあえず現実性の乏しい選択肢であろう。そうすると、結局のところ、①と②の選択肢の間でこれからの私たちは思い悩むことになるのではないか。

　動物には「かけがえのない」性質が、たしかにある。ペットの犬猫を念頭に置いてみれば、彼らには可傷性も個別性も唯一無二性も間違いなくあると言えそうだからである。動物に欠けているものは「人間であるという性質」だけである。だからこそ、スイス法は「動物の尊厳」を語る道を他の法域に先んじて一歩踏み出すことができたのではないか。

　しかし、AI ロボットは、動物とは同一には議論できない。代替可能な端末であるロボットは物理的に破壊されることはあっても、それは可傷性とは質的に違う。また、AI をネットワークから独立して切り取ることが難しく、そのコピーも可能であるならば、そこには個別性や唯一無二性も欠けている。

　以上の検討から、暫定的に導かれる私の認識はこうである。動物（とくに苦痛感受性のある動物）は実定比較法的にみると、尊厳や憲法上の権利

36）栗田・前掲注6）239頁。

に手が届きそうな位置まで人間に迫ってきている。しかし、AI ロボット
の尊厳や憲法上の権利主体性を、現実的なものとして語れる日が来るまで
には、長い時間が必要であろう。仮に、将来その日が到来するとしたら、
そのあかつきには、「尊厳」の概念内容が可傷性・個別性・唯一無二性と
いった性質で語ることができないものに変質してしまっているか、あるい
は、AI ロボットそのものが現在の予測を超える劇的進化を遂げて、それ
らの性質をすべて備えるに至っているか、そのどちらかである。

V　AIロボットの「虐待」を犯罪化できるか

1　人間虐待と動物虐待

　最後に、AIロボットの「虐待」を犯罪化できるか、という問題を考える。

　人間の虐待が、殺人、傷害、暴行、脅迫、保護責任者遺棄といった刑法上の犯罪にあたる可能性があることは自明であり、これ以上議論する必要もないだろう。それらは民事法上の不法行為として損賠賠償請求の原因にもなるし、児童への虐待であれば児童虐待防止法の規制も受ける。

　動物虐待に対しても、日本でも他の諸国でも通常は複数の犯罪類型が設けられ、かなり厳しい処罰が行われている。内外の動物虐待罪規定の歴史的発展についての詳細は、私自身の旧著や動物虐待罪に関連した諸論文[37]に譲るが、AIロボットの虐待の犯罪化を考える上で重要な参照点となりそうな事実を列挙すると、以下のとおりである。

37）青木・前掲注2）『動物の比較法文化——動物保護法の日欧比較』、同「わが国における動物虐待関連犯罪の現状と課題——動物愛護管理法第44条の罪をめぐって」村井敏邦先生古稀記念論文集『人権の刑事法学』（日本評論社、2011年）157頁のほか、その後の立法や議論の進展を受けて書かれた三上正隆氏の以下の諸論文を参照してほしい。三上正隆「動物の愛護及び管理に関する法律44条2項にいう『虐待』の意義」国士舘法学41号（2008年）74頁、同「愛護動物遺棄罪（動物愛護管理法44条3項）の保護法益」『野村稔先生古稀祝賀論文集』（成文堂、2015年）587頁、同「愛護動物遺棄罪（動物愛護管理法44条3項）における『遺棄』の意義」法学新報121巻11＝12号（2015年）473頁、同「愛護動物遺棄罪（動物愛護管理法44条3項）における『遺棄』概念——環境省通知（平成26年12月12日環自総発第1412121号）の検討を中心として」愛知学院大学論叢法学研究57巻3＝4号（2016年）113頁、同「動物虐待関連犯罪の保護法益に関する立法論的考察」愛知学院大学宗教法制研究所紀要58号（2018年）73頁。

① 　動物虐待が犯罪として処罰されるようになったのは、1820年代のイギリスを嚆矢とする。すなわち、動物虐待を犯罪とすることは、近代国家において、すでに200年の歴史をもっている。

② 　動物虐待罪の成立のためには、その出発点においては「公然性」要件が必要とされ、不特定多数の人の目につく場所で行われることが処罰条件であるのが普通であった。

③ 　しかし、時の流れとともに、現在では欧米諸国においても日本においても「公然性」の要件は構成要件から削除され、現在はたとえ人目につかない密室で行われた虐待であっても、動物虐待罪が成立する。

④ 　動物虐待罪の客体となる動物の範囲は、比較法的に見て脊椎動物が中心に置かれることが多い。日本の場合は、一定の家畜種（牛、馬、豚、めん羊、山羊、犬、猫、いえうさぎ、鶏、いえばと及びあひる）と人が占有する哺乳類、鳥類、爬虫類が客体となり、これは「愛護動物」と総称される。

⑤ 　現在の日本法（「動物の愛護及び管理に関する法律」）では愛護動物殺傷罪、愛護動物虐待罪（ネグレクトによる虐待だけを指す狭義の虐待罪）、愛護動物遺棄罪の３類型が規定されている。それぞれの法定刑の上限は、愛護動物殺傷罪が「懲役５年又は罰金500万円」、愛護動物虐待罪と愛護動物遺棄罪はともに「懲役１年又は罰金100万円」である（44条）。比較法的に見ると、より広い犯罪類型をもつ法域やより重い法定刑を規定する法域もある。

⑥ 　動物虐待罪の保護法益は、現在の日本法の「解釈論」では「動物愛護の良俗」だと一般に考えられている。しかし、「立法論」としては、これらの犯罪類型の保護法益を端的に「動物の利益それ自体」とすべきだという主張[38]もある。

　なお、上の①〜⑥でいう「動物虐待（罪）」は、特定の法圏に規定された動物虐待（罪）に限定するものでも、ましてや、わが国の動物愛護管理法にいう狭義の愛護動物虐待（罪）に限定したものでもなく、動物の殺傷、

38）三上・前掲注37）「動物虐待関連犯罪の保護法益に関する立法論的考察」73頁。

飼育放棄（ネグレクト）、遺棄など、多くの法域でしばしば犯罪化されている動物保護・動物福祉の要請に反する犯罪類型を広く含むものとして使っている。

2　AIロボットの虐待

　では、AIロボットの虐待については、現時点でどのような議論が行われているだろうか。栗田昌裕氏は、AIロボットの虐待を犯罪化することは比較的容易だと考えているようだ。栗田氏の意見を再び聴こう。

　氏は、AIロボットに人権を保障することはできないとしても、その「虐待」を禁止することはできるとする。そして、わが国の動物愛護管理法の目的規定を引きつつ、動物の健康及び安全は、動物に生命身体を侵されない固有の権利があるからではなく、「国民の間に動物を愛護する気風を招来し、生命尊重、友愛及び平和の情操の涵養に資」し、「もつて人と動物の共生する社会の実現を図る」ために保護されているとする（1条）。このような目的規定をもつ動物愛護管理法の虐待禁止によって愛護動物は「利益」を受けたと言えるかもしれないが、それらは「権利」をもつわけではないから、動物の虐待を禁止するために、必ずしも動物に「権利」を認める必要はないと論じる。氏のこの理解は、現在の動物愛護管理法の動物虐待関連犯罪の保護法益をめぐる通説的な見解に従うものであり、私も異論はない。

　そのうえで、栗田氏は次のように述べる[39]。

　　ロボットやAIが人権を享有しないとしても、人のように振る舞うロボットを理由もなく破壊してよいことにはならない。我々は、我々自身の社会のために、ロボットやAIに加えられる危害を禁止することができる。生命のない機械に愛着を抱き、壊れた人形やぬいぐるみのために涙を流すことができるのは人間の徳性である。論じるべきなのは、証明できない意識や自我に支えられたロボットやAIの人権ではなく、それ

39）栗田・前掲注6）242頁～243頁。

らを受け入れる社会のあり方ではないだろうか。

　この見解を、動物の尊厳や動物虐待罪について述べたことに引き比べてみる。私は、氏のこの意見にも大筋で賛同できる。しかし、このような割切り方ができるかと自問すると、やや躊躇する。論じるべきは「AIの人権ではなく、社会のあり方である」と、はたしてすっぱり断言できるだろうか。

　動物虐待罪の発展は、たしかに「社会のあり方」の変化の歴史でもある。現在も動物虐待罪の保護法益は、「動物愛護の良俗」だとされ、もっぱら人間社会側の都合に重点が置かれている。しかし、動物虐待処罰の200年にわたる発展史の背景には、動物学や生理学の発展とともに動物の苦痛感受性への科学的認識が深まり、人間と動物の間には断絶よりむしろ連続があるという科学的知識が普及したことで、動物の「かけがえのなさ」に対する私たちの理解と共感が時間の経過とともに研ぎ澄まされてきたという事実がある。そして、すでに見たように、実定法の世界でも比較法的にみると動物は「尊厳」や「人権」にあと少しで手が届きそうな高みまで登りつめてきている法域がある。つまり、動物虐待罪の発展の歴史は、まさに「動物の人権」に類するものを議論してきた過程にこそ、実質的に裏打ちされているのではないか。動物虐待罪の保護法益について、立法論としてではあれ、人間社会側ではなく動物側に立って、端的に「動物の利益それ自体」を保護法益とすべきだという議論（三上正隆氏）が提起されているのも、このような流れの先に必然的に出てくる主張でもある。

3　小　括

　冒頭に述べた旧稿における私見の中で、私は、「動物やAIが知性、意思、意識、感情をどこまで人間と共有しているのかという科学的探究は、今後も続いてゆくだろう。動物やAIの権利主体性を考える上でも、それらの知見が私たちの判断に影響を与えるはずである。だが、そういった科学的知見は、どれをとっても決定的なものとはならないだろう。」と述べた。意識や自我といった人間のもつ性質（かけがえのなさ）との類似性の

探求や共感をまったく捨象して、「ロボットやAIを受け入れる社会のあり方」だけを議論できるものだろうか。そう割り切ることに躊躇を覚えるので、私は、AIの虐待の犯罪化についての栗田氏の指摘を、「AIの人権」か「社会のあり方」かの二者択一を迫る主張としてではなく、両者は相互に影響を与えつつ補完し合うものであるが、「社会のあり方」が最終的に決定的な役割を果たすだろうという主張として理解したい。

　いずれにせよ、AIロボットの虐待の犯罪化が社会の支持を広く得るのは容易ではなく、AIロボットが、すでに200年もの発展史を経て虐待から手厚く守られている動物に追いついて、その虐待が動物虐待と同じように重く処罰されて当然だと人々が考える時代の到来は、どんなに社会変化が速まったとしても、かなり先になると私は予測する。

VI　おわりに——思考実験を終えて

　以上で、AIロボットの尊厳、権利、虐待をめぐる一連の思考実験を終える。AIそのものについての知識を欠く私が、どこまで問題の核心に迫りえたかはわからない。ただ、多くの優れた論者の議論と対話することにより、旧稿における私見を、ほんの少し深化させることができたという小さな満足感はある。願わくは、この拙い思考実験が、読者諸賢にとっても、なんらかの意義をもつものであらんことを。

第 2 章

AI がある日常生活と法

弥永　真生

Ⅰ　AI のある日常生活

　Siri［Apple］や Alexa［Amazon］など（音声アシスタント）は、質問すると（インターネット上で情報を検索し）答えてくれる。また、ルンバなどの自動掃除機や（AI）自動運転のエアコンは、学習して、効率的に掃除を行い、または、外気温や湿度をふまえて室内を快適にしてくれる。

　すでに、少なからぬ自動車には衝突防止機能や自動駐車機能が装備されており、近い将来には、自動運転車で公道を走ることができる日が来るのではないかと期待されている。

　これらには、人工知能（artificial intelligence：AI）という技術が用いられている。人工知能とは、人間が有する知能（実際の目標を達成する能力のうち計算的な部分）のうち、あるものをコンピュータを用いて再現するものまたはそのための技術である。とりわけ、人間の知能のうち、「推論」と「学習」とが再現の対象となっている。「推論」とは、知識をもとに、新しい結論を得ることをいい、「学習」とは情報の中から将来使えそうな知識を発見することをいう。

II　法の機能

　社会を秩序づけるルールを社会規範といい、法や道徳は社会規範の1つである。

　「法」は、国家（地方自治体なども含まれる）がその権力を行使して国民・住民に守らせ、守らない者に対して刑罰などの制裁を課することができるルールである。「法」には普遍的な法、いつでも、どこでも、誰にでもあてはまり変化することがないような、人間の本性（理性や良識）に根ざしたルールである自然法もあるが、ある時期において、ある場所で人為的に作られる実定法が現代の社会で私たちが日ごろ意識する「法」である。たとえば、日本国憲法、そして、民法、刑法などの法律は、現代の日本において、国会が定める制定法である。また、都道府県や市町村の議会が定める条例も制定法の1つである。

　ところで、法にはさまざまな機能がある。たとえば、刑法は、社会統制（違反した場合にたとえば罰を与えるという形で、一定の義務を課す）という機能を有しているが、法はこのような、一見、消極的に見える機能しか持っていないわけではない。法の機能のうち、人々の活動を促進するための道具立てとしての機能は重要である。すなわち、人々の活動を予測可能で安全なものとする指針と枠組みを提供するという機能を法は有している。これによって、人々の間での合意の形成と実現を促進する。

　さらに、近年では、一定の政策目的実現の手段として、法は重要となっている。税法（法人税法、所得税法など）や社会保障法（生活保護法、健康保険法、厚生年金保険法、雇用保険法、国民健康保険法、国民年金法、介護保険法、高齢者医療確保法）はこのような機能を持っているが、同一労働同一賃金[1]、アファーマティブ・アクション[2]などを支える労働法（労働基準法、労働組合法、労働関係調整法のほか、最低賃金法、労働契約法、男女雇用機会均等法、労働者派遣法など）や独占禁止法なども一定の政策目的を実現するものであるということができるし、よく考えてみると、知的財産

権法もこのような機能を持っている。典型的には、特許法の目的は「発明の保護及び利用を図ることにより、発明を奨励し、もつて産業の発達に寄与すること」と定められているが（1条）、発明が公開されることによって、他の人たちがそれに改良を加えていくことが可能になることから、発明の公開を促進することが必要であるが、発明が保護されないと、発明（技術等）を秘密にしておくというインセンティブが働くから、特許という形で保護を与えようとする面があると同時に、コストをかけてでも発明をしようというインセンティブを与えるためにも発明を保護することが適切であるということができる。

1）事業主は、その雇用する短時間・有期雇用労働者の基本給、賞与その他の待遇のそれぞれについて、当該待遇に対応する通常の労働者の待遇との間において、当該短時間・有期雇用労働者及び通常の労働者の業務の内容及び当該業務に伴う責任の程度（以下「職務の内容」という。）、当該職務の内容及び配置の変更の範囲その他の事情のうち、当該待遇の性質及び当該待遇を行う目的に照らして適切と認められるものを考慮して、不合理と認められる相違を設けてはならない（短時間労働者及び有期雇用労働者の雇用管理の改善等に関する法律 8 条）。

2）雇用の分野における男女の均等な機会及び待遇の確保等に関する法律（男女雇用機会均等法）は、企業の事業主が募集・採用や配置・昇進・福利厚生、定年・退職・解雇にあたり、性別を理由にした差別を禁止しているが、さらに、「事業主が、雇用の分野における男女の均等な機会及び待遇の確保の支障となつている事情を改善することを目的として女性労働者に関して行う措置を講ずることを妨げるものではない」と定めている（8 条）。また、厚生労働省・女性の活躍推進協議会「ポジティブ・アクションのための提言」（2002年）では、「男女労働者の間に事実上生じている差の解消を目的として個々の企業が自主的かつ積極的に進める取組」を「女性のみ対象又は女性を有利に扱う取組」と「男女両方を対象とする取組」とに分けている。

Ⅲ AI の発展・普及と法

　それでは、AI の発展・普及に対して、法はどのような役割を果たすことができるのか。

　法はさまざまな役割を果たすことができると考えられるが、以下では、リスクの配分、AI とプライバシー、及び、AI と知的財産権法という 3 つの側面に絞って、考えてみることにする。

1 リスクの配分

　ロボット・AI の不具合から生じた損害をだれが負担するかについてのルールを法は提供することができる。

(1) 契約・取引の当事者間

　本来、当事者（たとえば、ロボットの製造者とロボットの利用者）の間では、損害を負担するかについて合意することが理論的には効率的である。これは、より低いコストで損害を回避することできる当事者が損害を負担するという取り決めをして、それを前提に取引条件を決めればよいというものである。このような考え方の背景には、アメリカの法学者であるグイド・カラブレイジが、経済学における「コースの定理」（たとえば、企業の生産活動による公害により、住民が害を受けている場合において、取引コストがないなどの条件の下では企業と住民との交渉によって最適な資源配分が実現できる）を応用して提示した、「最安価損害回避者の原理」（最も安い費用で損害や危険を回避できる者に負担させることが、費用の最小化をもたらし最も効率的であるというもの）がある[3]。

3）Guido Calabresi（小林秀文訳）「最適抑制と事故」アメリカ法1977年 1 号（1977年）34-55頁。また、平井宜雄『法政策学——法制度設計の理論と技法〔第 2 版〕』（有斐閣、1995年）、田中成明『現代法理学』（有斐閣、2011年）参照。

　もっとも、当事者の間での合意を認めることが常に適切であるとはいえない。たとえば、①社会的に受容できない量または質のリスク（たとえば、ある当事者の生命・身体が社会的に許容できないほど損なわれるリスク）が存在する場合、②当事者の間で交渉力に差がある場合、または、③当事者の間で能力・知識に差がある場合などである。消費者と事業者との間の取引・契約については、②及び③にあたる場合が類型的に多いと考えられることから、消費者契約法や特定商取引法などが消費者にとって類型的に不利な規定を無効としたり、消費者にとって有利なルールを定めている。

　また、ある類型の当事者はリスクを過小に見積もる傾向があるかもしれない（ひどい表現で言えば、過度に楽観的、または軽率かもしれない）。特定商取引法が定めているクーリングオフという制度は、消費者の軽率さに対応する面を有している。

(2)　当事者以外の者に損害が生じる場合

　当事者以外の者に損害が生じる場合にだれが負担するか（損害を被ってもよいか）については、当事者間で納得して、合意することができないので、法の出番ということができる。

　そこで、ある行為を法によって禁止する、一定の資格を持っている者・免許を受けた者などにのみ認める、法によって一定の安全基準を設け、または、一定の安全策を講じることを要求する、また、ルール違反者には罰を与えるとして、ルールを遵守するインセンティブを与え、損害の発生を合理的な範囲に抑制するということが現実にはなされている。ここで、全面的に禁止すれば、損害の発生も抑止できるのであるが、全面的に禁止すると、社会的に有用な活動まで行われなくなるので（あるいは、社会的に有用でなくとも、個人の自由に対する過度の制約になると考えられるため［たとえば、日本の場合、典型的には喫煙］）、社会的に許容できるレベルまで、リスクを引き下げるということになることが一般的である。その上で、製造者、所有者または利用者にリスクを負担させる（被害者に対する損害賠償責任を課す）。これによって、製造者、所有者または利用者に損害の発生を回避するインセンティブが与えられるとともに、被害者の損害が補てんされる（生命・身体に対する損害は回復できないが、経済的な損害は回復でき

る可能性がある）。

　このアプローチは、典型的には原子力損害の場合に採用されている。た
とえば、原子力事故による被害者の救済等を目的として、「原子力損害の
賠償に関する法律」（原賠法）[4]に基づく原子力損害賠償制度が設けられ
ており、原子力事業者には無過失・無限の賠償責任が課され、賠償責任の
履行を迅速かつ確実にするため、原子力事業者には原子力損害賠償責任保
険への加入等の損害賠償措置（通常の商業規模の原子炉の場合の賠償措置額
は現在のところ1200億円（7条））を講じることが義務づけられている（し
かも、賠償措置額を超える原子力損害が発生した場合に国が原子力事業者に必
要な援助を行うことが可能とされている）。

　また、自動車損害賠償保障法[5]との関係で自動車の運転に伴うリスク
についても採られているということができよう。すなわち、自動車損害賠
償保障法3条は、「自己のために自動車を運行の用に供する者は、その運
行によつて他人の生命又は身体を害したときは、これによつて生じた損害
を賠償する責に任ずる。ただし、自己及び運転者が自動車の運行に関し注
意を怠らなかつたこと、被害者又は運転者以外の第三者に故意又は過失が
あつたこと並びに自動車に構造上の欠陥又は機能の障害がなかつたことを
証明したときは、この限りでない。」と定めており、「自己のために自動車
を運行の用に供する者」が運転者でない場合には、自動車の運行に関し注
意を怠らなかつたことを証明できるのはきわめて例外的な場合に限られて
いる[6]。

　しかし、原子力損害または自動車損害賠償責任の場合などを別とする
と、他人に損害を与えた者は、故意または過失がある場合にのみ、被害者

4）詳細については、科学技術庁原子力局監修『原子力損害賠償制度〔改訂版〕』（通商
　産業研究社、1991年）、高橋康文『解説原子力損害賠償支援機構法——原子力損害賠
　償制度と政府の援助の枠組み』（商事法務、2012年）、小柳春一郎『原子力損害賠償制
　度の成立と展開』（日本評論社、2015年）など参照。
5）自動車損害賠償保障法の詳細については、木宮高彦ほか『注釈自動車損害賠償保障
　法〔新版〕』（有斐閣、2003年）、北河隆之ほか『逐条解説自動車損害賠償保障法〔第
　2版〕』（弘文堂、2017年）、自動車保障研究会編、国土交通省自動車局保障制度参事
　官室監修『逐条解説自動車損害賠償保障法〔新版〕』（ぎょうせい、2012年）など参
　照。

に対して、民法の規定に基づき損害賠償責任を負うとされるにとどまっている（709条・715条）。すなわち、意思－行為－責任という枠組みを前提とすると、被害者の損害が回復されない可能性がある。過失責任が原則であるため、利用者などに過失があるかどうかが問題となる。また、さまざまな原因が複合している場合に、だれの行為に起因するかを特定することは難しいかもしれない。

　もっとも、過失責任の限界に対しては、製造物責任という枠組みが用意されている。すなわち、製造業者等は、引き渡した製造物の欠陥により他人の生命、身体または財産を侵害したときは、これによって生じた損害を賠償する責任を負う（製造物責任法3条）。ここで、「欠陥」とは、当該製造物の特性、その通常予見される使用形態、その製造業者等が当該製造物を引き渡した時期その他の当該製造物に係る事情を考慮して、当該製造物が通常有すべき安全性を欠いていることをいうとされている（同法2条2項）[7]。

　ただし、製造物責任は有形物のロボット、たとえば、AIが組み込まれたロボット、自動車、エアコンなどには適用されるが、有形物に組み込まれていないAIのような無形のものには適用されない。

　しかも、製造物責任にも例外がある。すなわち、製造物をその製造業者等が引き渡した時における科学・技術の知見（解釈上、その時点における最高水準の知見と解されている）によっては、欠陥があることを認識できな

---

[6]　比較的最近のものとして、錦野裕宗「名義貸与者の『運行供用者』該当性」損害保険研究81巻4号（2020年）229-245頁、仮屋篤子「名義貸与者の運行供用者性」民商法雑誌155巻5号（2019年）985-998頁参照。なお、自動運転との関係については、多数の文献が存在するが、たとえば、池田裕輔「自動運転が保険業界に与える影響」保険学雑誌641号（2018年）53-66頁、肥塚肇雄「自動運転車事故の民事責任と保険会社等のメーカー等に対する求償権行使に係る法的諸問題」保険学雑誌641号（2018年）67-89頁、同「保険会社のICTを使った危険測定と自動車保険契約等への影響——人工知能及び自動運転を対象として」保険学雑誌636号（2017年）189-208頁、金泉浩二「自動運転の法的課題（民事上の責任の観点から）」法とコンピュータ35号（2017年）57-63頁、藤田友敬「自動運転と運行供用者の責任」ジュリスト1501号（2017年）23-29頁参照。

[7]　詳細については、たとえば、消費者庁消費者安全課編『逐条解説　製造物責任法〔第2版〕』（商事法務、2018年）参照。

かったことを証明した場合にはその製造業者等は責任を負わない（開発危険の抗弁）とされている（製造物責任法4条1号）[8]。これは、このような場合にも責任を負わなければならないとすると新製品の開発意欲が削がれるためである。

　そもそも、一般論として、第1に、損害を被った者（被害者）が、そのことについて、民法709条または715条に基づき、不法行為による損害賠償責任を負うべき者（加害者）を発見することは難しいかもしれない。第2に、加害者が自発的に損害を賠償してくれないときに、加害者を訴え、加害者がわざとまたはうっかりして（故意または過失により）損害を引き起こしたことを裏付ける証拠を裁判所に示すことには、相当のコストがかかるかもしれない。第3に、被害者が多数存在し、かつ、被害者一人一人の損害額が小さいような場合にも、被害者は加害者を提訴するインセンティブを有しないことがありうる。費用倒れになることもあるし、そうでなくとも、——アメリカでは、クラスアクションが広く認められ、また、懲罰的損害賠償制度もあることなどから、損害賠償額が多額になることがあることもあって、弁護士はアンビュランス・チェイサー（救急車を追いかける人）と揶揄されることもあるぐらい、原告を探し、成功報酬という形で受任することが多いといわれているが——少なくとも、日本では、訴訟を提起することはいまだに気が進まないことでありえ、そうであれば心理的コストも無視できないからである。

　さらに、損害賠償責任の限界として、「ない袖は振れない」という問題がある。すなわち、加害者は自己の財産から損害を賠償するのであるから、賠償すべき額が自己の財産額を超える場合には被害者としてはどうしようもない。被害者の損害の回復も不十分になるし、抑止のインセンティブも十分でなくなる。とりわけ、法人が加害者である場合には、当該法人の経営者や——合名会社や合資会社を別とすれば——所有者は責任は負わない（いわゆる有限責任）のが原則である。

8）瀬川信久「欠陥、開発危険の抗弁と製造物責任の特質」ジュリスト1051号（1994年）17-22頁参照。なお、AIとの関係では、たとえば、赤坂亮太「自律ロボットの製造物責任——設計上の欠陥概念と開発危険の抗弁をめぐって」情報ネットワーク・ローレビュー13巻2号（2014年）103-121頁。

　そこで、被害者としては、損害賠償責任を負う他の者を探すというのが対応策の 1 つである。この観点から、従業員（使用人）が他人に損害を与えた場合には、雇い主（使用者）に対して損害賠償を求めることができる民法715条は貴重である。また、株式会社であれば役員等の対第三者責任（会社法429条）、持分会社であれば業務執行有限責任社員の対第三者責任（会社法597条）、一般社団法人及び一般財団法人であれば役員等の対第三者責任（一般社団法人及び一般財団法人に関する法律117条・198条）を追及することも考えられるが、悪意または重大な過失が要件となっている。さらに、まれではあるが、規制権限の不行使を理由とする国家賠償責任が認められることがある（国家賠償法 1 条 2 項）[9]。

　なお、行為者に故意または重大な過失がない場合または加害者が十分な資力を有していない場合に、被害者を保護すべきかという根本的問題もある。たとえば、天災地変での被害者はその損害に甘んじるしかないのが原則だからである。そして、保護すべきだとすれば、被害者をどのように保護するかが問題となる。

　加害者の資力が十分でないことがあるという問題に対しては、保険加入を強制したり、一定の財産保有を要求することが考えられる。もっとも、保険加入を強制しても、引き受けてくれる保険会社が見つからない、見つかっても保険料がきわめて高いということがありうるし、保険会社としてもリスクの高い者の保険加入はお断りしたい、少なくとも高い保険料の支払いを求めようとするはずである。そうすると、リスクの高い者ほど保険に加入しない、または加入できないという事態すら想定できる。そこで、保険加入を強制する場合には自賠責保険のような制度を創設することも考えられる。また、社会保障制度のように税金でカバーするという選択肢も

9）詳細については、たとえば、西田幸介「規制権限の不行使と国家賠償——『規制不作為違法定式』の判断構造」法學81巻 6 号（2018年）872-896頁、土居正典「行政責任と不作為の違法(1)(2·完)——水俣病関西訴訟上告審判決を契機として」法学論集（鹿児島大学）40巻 1 号（2005年）23-48頁、49巻 2 号（2015年）61-104頁、二子石亮＝鈴木和孝「規制権限の不行使をめぐる国家賠償法上の諸問題について（その 1 ）（その 2 ）」判例タイムズ1356号（2011年） 7 -25頁、1359号（2012年） 4 -21頁、宇賀克也「規制権限の不行使に関する国家賠償」判例タイムズ833号（1994年）38-50頁など参照。

想定できる。しかし、これらについて、社会的な合意が得られるのかという問題は依然として残っている。

2　AIとプライバシー

AIに学習をさせ、AIで情報を処理するためには何らかのデータが必要である。そして、そのデータには、個人情報が含まれることがありうる。

(1)　匿名加工情報の非「匿名加工情報」化

個人情報の保護に関する法律（個人情報保護法）は、「個人情報」とは、生存する個人に関する情報であって、①「当該情報に含まれる氏名、生年月日その他の記述等（文書、図画若しくは電磁的記録（電磁的方式（電子的方式、磁気的方式その他人の知覚によっては認識することができない方式をいう……）で作られる記録をいう……）に記載され、若しくは記録され、又は音声、動作その他の方法を用いて表された一切の事項（個人識別符号を除く。）をいう……）により特定の個人を識別することができるもの（他の情報と容易に照合することができ、それにより特定の個人を識別することができることとなるものを含む。）」または②「個人識別符号が含まれるもの」をいうと定めている（令和2年改正後2条1項）。また、「匿名加工情報」とは、①に該当する個人情報については当該個人情報に含まれる記述等の一部を削除すること（当該一部の記述等を復元することのできる規則性を有しない方法により他の記述等に置き換えることを含む。）という措置を、②に該当する個人情報について当該個人情報に含まれる個人識別符号の全部を削除すること（当該個人識別符号を復元することのできる規則性を有しない方法により他の記述等に置き換えることを含む。）という措置を、それぞれ、講じて特定の個人を識別することができないように個人情報を加工して得られる個人に関する情報であって、当該個人情報を復元することができないようにしたものをいうとしている（令和2年改正後2条11項）。

ところが、AIの高度化と導入に伴って、従来、匿名加工情報と考えられていた情報から個人情報を復元できてしまうのではないかという懸念がある。すなわち、個人情報に含まれる記述等の一部を削除することや個人

情報に含まれる個人識別符号の全部を削除することによっては、「当該個人情報を復元することができないようにしたもの」という匿名加工情報の定義をみたさないことになるのではないかと予想される。そもそも、インターネットの発達により、他の情報と照合し、それにより個人を識別することができる場合も増加しているといえそうである[10]。

　この結果、AI に学習させることが許される匿名加工情報の質・量はかなり限定されるということにますますなるのかもしれない。

(2)　位置情報

　AI を用いたサービスにおいては、位置情報が重要な意味を持つことがある[11]。たとえば、自動運転の場合には究極的には位置情報が安全な交

---

10)　個人情報保護委員会「個人情報の保護に関する法律についてのガイドライン（匿名加工情報編）」（2016年11月、2017年 3 月一部改正）では、「匿名加工情報に求められる『特定の個人を識別することができない』という要件は、あらゆる手法によって特定することができないよう技術的側面から全ての可能性を排除することまでを求めるものではなく、少なくとも、一般人及び一般的な事業者の能力、手法等を基準として当該情報を個人情報取扱事業者又は匿名加工情報取扱事業者が通常の方法により特定できないような状態にすることを求めるものである」、「『当該個人情報を復元することができないようにしたもの』という要件は、あらゆる手法によって復元することができないよう技術的側面から全ての可能性を排除することまでを求めるものではなく、少なくとも、一般人及び一般的な事業者の能力、手法等を基準として当該情報を個人情報取扱事業者又は匿名加工情報取扱事業者が通常の方法により復元できないような状態にすることを求めるものである」とされている。しかし、AI が高度化し、広く用いられるようになると、基準となる「一般人及び一般的な事業者の能力、手法等」のレベルが高まるものと予想される。なお、個人情報保護委員会『個人情報保護法いわゆる 3 年ごと見直しに係る検討の中間整理』（平成31年 4 月25日）では、「提供元では必ずしも個人情報でない場合であっても、提供先で照合可能な情報が保有され、個人情報になる可能性や、多様な機器・サービスから詳細な情報が集積的に統合され、特定の個人を識別でき個人情報と同値になる可能性等も考えられる。」と指摘されていた（41頁）。

11)　「個人のプライバシーの侵害を可能とする機器をその所持品に秘かに装着することによって、合理的に推認される個人の意思に反してその私的領域に侵入する捜査手法である GPS 捜査は、個人の意思を制圧して憲法の保障する重要な法的利益を侵害するものとして、刑訴法上、特別の根拠規定がなければ許容されない強制の処分に当たる」（最大判平成29・3・15刑集71巻 3 号13頁）。

通のために必要であろうが、位置情報は通信の秘密によって保護される典型的な情報であると考えられている[12]。

(3)　非「要配慮個人情報」の要配慮個人情報化

AIによって、要配慮個人情報ではなかった個人情報から要配慮個人情報をプロファイリングにより推知し、抽出できる可能性がある。すなわち、AIによって、センシティブな内容が抽出されることがありうる。たとえば、ビッグデータを利用すると、たとえば、女性の妊娠等[13]のセンシティブな事項を的確に予測することができるといわれている。

そこで、このような問題には立法により対応する必要があるかもしれない。

(4)　同意はあやうい

プライバシー保護との関係では、個人情報保護法の下では対象者の同意があればよいことになっている。しかし、十分に理解して、同意を与えているのか、リスクを過小に評価する傾向はないか、目先の便利さに惑わされるのが通常人でないかという問題がある[14]。すでに述べたように、物

---

12) 東京地判平成14・4・30（平成11年(刑わ)第3255号）<https://www.courts.go.jp/app/files/hanrei_jp/834/005834_hanrei.pdf>。また、たとえば、堀部政男「AI/IoT時代のプライバシー・個人情報保護の新課題」情報通信政策研究3巻1号（2019年）1-24頁参照。

13) Duhigg, Charles, How Companies Learn Your Secrets, The New York Times Magazine, February 16, 2012 <https://www.nytimes.com/2012/02/19/magazine/shopping-habits.html>.

14) たとえば、Mayer-Schönberger, Viktor, IAPP Data Protection Congress in Brussels Keynote: Responsible Use of Data, 2013, Mayer-Schönberger, Viktor and Kenneth Cukier, Big Data: A Revolution That Will Transform How We Live, Work and Think, John Murray, 2013（斎藤英一郎（訳）『ビッグデータの正体——情報の産業革命が世界のすべてを変える』（講談社、2013年））。小泉雄介「個人データを巡る諸課題とEU一般データ保護規則（GDPR）における解決の方向性」（国際社会経済研究所、2018年）<https://www.i-ise.com/jp/column/hiroba/2018/20181002.html>、水町雅子「パーソナルデータを巡る現状の問題点」（IT総合戦略本部パーソナルデータに関する検討会、2013年）<https://www.kantei.go.jp/jp/singi/it2/pd/dai3/siryou6.pdf> 参照。

品やサービスの購入などとの関係では、消費者契約法や特定商取引法が消費者の無知、軽率さ、交渉力不足などを想定して、消費者保護を図っていることからすれば、個人情報の利用につき同意を与えるにあたっても、同様の状況は想定されるように思われる。そうだとすれば、立法によって、何らかの対応がなされる必要があるのではないかとも考えられる。

3　AIと知的財産権法

　機械学習、すなわち、コンピュータが大量のデータを学習し、分類や予測などのタスクを遂行するアルゴリズムやモデルを自動的に構築する技術は、AIの中核となる技術である。すなわち、AIは、大量のデータを学習することを前提としている。そして、深層学習は、機械学習の1つの手法であって、ニューラルネットワークを多層に結合することによって表現・学習能力を高めたものである。

　そこで、AIによる機械学習・深層学習のための情報の複写は著作権法上の「複製」にあたるのか、AIによる機械学習・深層学習のためのデータ処理による学習用データセットの作成は著作権法上の「翻案」にあたるのかというような問題が生ずる[15]。

　しかし、この点については、2018年12月31日以前においても、著作権法47条の7が、「著作物は、電子計算機による情報解析（多数の著作物その他の大量の情報から、当該情報を構成する言語、音、影像その他の要素に係る情報を抽出し、比較、分類その他の統計的な解析を行うことをいう……）を行うことを目的とする場合には、必要と認められる限度において、記録媒体への記録又は翻案（これにより創作した二次的著作物の記録を含む。）を行うことができる。ただし、情報解析を行う者の用に供するために作成されたデータベースの著作物については、この限りでない。」と定めていたことから、「複製」または「翻案」にあたるとしても、電子計算機による情報解析を目的とすると評価されれば問題はなかった。

---

15) たとえば、上野達弘「人工知能と機械学習をめぐる著作権法上の課題——日本とヨーロッパにおける近時の動向」法律時報91巻8号（2019年）33-40頁参照。

　また、2019年1月1日から施行されている改正後著作権法30条の4は、「著作物は、次に掲げる場合その他の当該著作物に表現された思想又は感情を自ら享受し又は他人に享受させることを目的としない場合には、その必要と認められる限度において、いずれの方法によるかを問わず、利用することができる。ただし、当該著作物の種類及び用途並びに当該利用の態様に照らし著作権者の利益を不当に害することとなる場合は、この限りでない。

（中略）

二　情報解析（多数の著作物その他の大量の情報から、当該情報を構成する言語、音、影像その他の要素に係る情報を抽出し、比較、分類その他の解析を行うことをいう。第47条の5第1項第2号において同じ。）の用に供する場合

（略）」と規定した。

　また、47条の5第1項は、「電子計算機を用いた情報処理により新たな知見又は情報を創出することによつて著作物の利用の促進に資する次の各号に掲げる行為を行う者（当該行為の一部を行う者を含み、当該行為を政令で定める基準に従つて行う者に限る。）は、公衆への提供等（公衆への提供又は提示をいい、送信可能化を含む……）が行われた著作物（以下この条及び次条第2項第2号において「公衆提供等著作物」という。）（公表された著作物又は送信可能化された著作物に限る。）について、当該各号に掲げる行為の目的上必要と認められる限度において、当該行為に付随して、いずれの方法によるかを問わず、利用（当該公衆提供等著作物のうちその利用に供される部分の占める割合、その利用に供される部分の量、その利用に供される際の表示の精度その他の要素に照らし軽微なものに限る。以下この条において「軽微利用」という。）を行うことができる。ただし、当該公衆提供等著作物に係る公衆への提供等が著作権を侵害するものであること（国外で行われた公衆への提供等にあつては、国内で行われたとしたならば著作権の侵害となるべきものであること）を知りながら当該軽微利用を行う場合その他当該公衆提供等著作物の種類及び用途並びに当該軽微利用の態様に照らし著作権者の利益を不当に害することとなる場合は、この限りでない。

（中略）

二　電子計算機による情報解析を行い、及びその結果を提供すること。

（略）」と定めている。

　これらの改正のポイントをみてみると、情報解析の定義から「統計的な」という文言が削除され、深層学習で用いられている代数的または幾何学的解析が対象に含まれることが明確化された。また、「……の用に供する場合」とされたことにより、自らモデル生成を行う場合のみならず、モデル生成を行う他人のために著作物利用行為を行うことができるようになった。さらに、「いずれの方法によるかを問わず、利用を行うことができる」とされたため、解析した後のデータセットを不特定多数の第三者に対して公開・譲渡することができるようになった（47条の7［複製権の制限により作成された複製物の譲渡］に30条の4の場合が含められた）ため、たとえば、特定の事業者で構成されるコンソーシアム内で、学習用データセットを共有することも許容されるようになった。

　このように、著作物の利用（複製及び翻案）について、機械学習・深層学習の妨げにならないようにする包括的な条項が存在している現状は高く評価できそうである。

Ⅳ　AIが日常生活に取り入れられるとき、いかに法は対応していくべきか

　事物または人間の本性に基づいて成立する時間や場所を超えて妥当する法である自然法が観念されることがあるが、日常生活においては、ある時代において、かつ、ある場所（社会）に妥当するものとして人が定立した法または特定の社会内で実効的に行われている法である実定法が重要な意味を持っている。実定法には立法機関により制定されたものだけではなく、司法機関（裁判所）の判断（判例）または慣習などによって作り出され、ある時代、かつ、ある社会において実効性を有している法も含まれる。このように、実定法には、制定法、判例法または慣習法などが含まれると考えられているが、日本における日常生活では、制定法が最も重要な法であるということができる。制定法とは議会その他公の立法機関が一定の目的をもって、一定の手続に従って定立する法である、日本では、憲法、国会が制定する法律のほか、行政機関の定める命令（政令、省令、府令など）、最高裁判所規則、地方公共団体の条例・規則などが制定法の典型的なものである。

　ところで、制定法に含まれる規定は、おおざっぱには、強行法規（強行規定）と任意法規（任意規定）に分けることができる。

　たとえば、民法91条は、「法律行為の当事者が法令中の公の秩序に関しない規定と異なる意思を表示したときは、その意思に従う。」と定めており、ここでいう「公の秩序に関しない規定」が任意法規であり、「公の秩序に関する規定」が強行法規であるということになる。したがって、強行法規とは、法令の規定のうちで、当事者間の合意にかかわらず適用される規定（強行法規と異なる合意をしても、それは私法上無効［裁判所がその合意の実現に手を貸してくれない。その合意に従って義務の履行を受けた場合には事後的に原状回復が裁判所によって命じられることも多い］である）をいい、

当事者間の合意によって異なる定めをすることが認められている規定を任
意法規という。

　一般的には、契約や取引については契約自由の原則が妥当するといわれ
てきたが、契約や取引に関連する法律の規定のうち、第三者の権利義務に
直接、関わるものは強行法規である（たとえば、民法177条［所有権移転の
第三者対抗要件］）。また、当事者間の合意に全面的に委ねると、著しい不
都合が生ずるおそれがある場合に、一方当事者を保護する趣旨で設けられ
た規定は、その趣旨を実現するために強行法規である。

　典型的には、利息制限法が、当事者間で、金銭消費貸借契約の締結にあ
たって、自由に利息の利率を合意した場合であっても、その利率が利息制
限法が定める利率（制限利率）を超えた場合は、その合意のうち、制限利
率を超えた部分を無効としている（1条）。また、借地借家法は、建物所
有を目的とする土地の賃貸借契約を締結するにあたって、当事者間で、あ
る契約存続期間を合意した場合であっても、その期間が30年未満の場合
は、その合意を無効であるとし、期間を30年とするものとしている（3
条・9条）。さらに、事業者と消費者との間の契約につき、当事者間で合
意したとしても、一定の条項は無効とされる（消費者契約法8条から10条ま
で）。

　近年では、片面的強行規定、すなわち、法令の規定よりもある類型の当
事者について不利な内容の条項を当事者間で合意しても無効であると明示
的に定める法令も増加してきている。たとえば、保険法では、保険法の当
該規定よりも保険契約者、被保険者または保険金受取人に不利な条項は当
事者間で、無効とする旨の規定（「○○の規定に反する特約で○○○に不利な
ものは、無効とする。」）が多く設けられている[16]。

　さらに、2020年4月1日から施行されている改正後民法548条の2は、
定型約款[17]の個別の条項について当事者が合意されたとみなされ、当該
条項の拘束力が及ぶとされるための「組入要件」を定め、かつ、定型約款
の個別の条項のうち不当な条項の効力を否定する不当条項を規制してい
る。すなわち、同条2項は、定型約款の個別の「条項のうち、相手方の権
利を制限し、又は相手方の義務を加重する条項であって、その定型取引の
態様及びその実情並びに取引上の社会通念に照らして、［民法—引用者］

第１条第２項に規定する基本原則に反して相手方の利益を一方的に害すると認められるものについては、合意をしなかったものとみなす」と定めている。また、消費者契約法10条は、「消費者の不作為をもって当該消費者が新たな消費者契約の申込み又はその承諾の意思表示をしたものとみなす条項その他の法令中の公の秩序に関しない規定の適用による場合に比して消費者の権利を制限し又は消費者の義務を加重する消費者契約の条項であって、民法第１条第２項に規定する基本原則に反して消費者の利益を一方的に害するものは、無効とする」と定めている。なお、民法１条２項は「権利の行使及び義務の履行は、信義に従い誠実に行わなければならない」と定めている（信義誠実の原則）。

　AIが日常生活に取り入れられていく中で、制定法がどのように対応していくべきなのか、強行法規（片面的強行規定を含む）を設ける必要があるのか、それとも、任意規定を設け、その上で、消費者と事業者との間の契約については消費者契約法10条を通じて、任意規定に比べ不当に消費者の利益を害するものは無効とすれば[18]十分なのかということは難問であ

16）保険法７条（告知義務〔４条〕、遡及保険の成立要件〔５条２項〕）、12条（第三者のためにする損害保険契約〔８条〕、超過保険の部分取消権〔９条〕、保険価額減少に伴う保険料減額請求権〔10条〕、危険の減少に伴う保険料減額請求権〔11条〕）、26条（保険目的物の減失〔15条〕、保険給付の履行期〔21条１項・３項〕、残存物代位〔24条〕、請求権代位〔25条〕）、33条（告知義務違反による解除〔28条１項から３項〕、危険増加による解除〔29条１項〕、重大事由解除〔30条〕、解除の効力〔31条〕）、41条（告知義務〔37条〕、遡及保険の成立要件〔39条２項〕）、49条（第三者のためにする生命保険契約〔42条〕、危険の減少に伴う保険料減額請求権〔48条〕）、53条（保険給付の履行期〔52条１項・３項〕）、65条（告知義務違反による解除〔55条１項から３項〕、危険増加による解除〔56条１項〕、重大事由解除〔57条〕、解除の効力〔59条〕、保険料積立金の払戻〔63条〕、保険料返還の制限〔64条〕）、70条（告知義務〔66条〕、遡及保険の成立要件〔68条２項〕）、78条（第三者のためにする傷害疾病定額保険契約〔71条〕）、82条（保険給付の履行期〔81条１項・３項〕）、94条（告知義務違反による解除〔84条１項から３項〕、危険増加による解除〔85条１項〕、重大事由解除〔86条〕、解除の効力〔88条〕、保険料積立金の払戻〔92条〕、保険料返還の制限〔93条〕）。

17）定型約款とは定型取引において、契約の内容とすることを目的としてその特定の者により準備された条項の総体をいうが、定型取引とは「ある特定の者が不特定多数の者を相手方として行う取引であって、その内容の全部又は一部が画一的であることがその双方にとって合理的なものをいう」とされている。

る。事業者の中には十分な知識や交渉力のないものも存在し、とりわけ、個人事業主にはそのようなことが想定される。このような場合には、民法548条の2の出番が多くなるかもしれない。

　いずれにしても、当事者の双方が十分な知識や能力を有し、かつ、交渉力が対応であるという前提を置くことができるのであれば、すでに述べたように、当事者の合意に委ねることが最も効率的であり、社会全体の厚生を高めることになりうる。逆にいえば、強行法規（片面的強行規定を含む）の制定は、AIが日常生活において最大限に活用されることを妨げ、社会全体としては効率性を損なうことになりかねない。当事者の合意に委ねるという場合には、――評判の仕組みも含め――市場原理が働くことに期待することになりそうである。また、損害賠償請求が適切に認容されるのであれば、行為者は損害を賠償しなければならないリスクを考慮に入れて、合理的な注意を払い、また、不用意に他人の権利や利益を侵害しないように行為するよう動機づけられるとも考えられる。

　しかし、現実には当事者が対等な効力を有していない、当事者の一方が十分な能力を有していないということがしばしばありうるため、国などがパターナリスティックに[19]、または後見的に介入することにならざるを

18）任意法規の半強行法規化ということが考えられる。これは、適正な内容を示すものとして形成された任意法規を基準として考えたときに、そこから離れた約定がなされるには一定の積極的な理由が必要であるという発想である。たとえば、「任意規定の中には、売買契約における瑕疵担保責任の規定のように、内容的に強い合理性に支えられた規定があり、契約当事者が実質的な交渉に基づいて明確にその適用を排除しない限り、適用されると考えられるものがある。このような規定は、強行規定……と任意規定……の中間的性格を有するので、『半強行法規』などと呼んでいる。」といわれている（四宮和夫＝能見善久『民法総則〔第9版〕』（弘文堂、2018年）218頁）。そして、河上教授は、任意規定には「国家によって公平かつ合理的と考えられた権利義務の分配に関する提案が含まれており一定の秩序形成機能（Ordungsfunktion）も含まれているとみるべきである。……実質的交渉による正当性の保障が疑われる場面（……「約款による契約」・「消費者契約」など）では、任意規定が簡単に排除できない場合もある」し、また、任意規定は「立法者によって、当該法律関係における合理的当事者意思と推測されるもの、ひいては公正・妥当な権利義務の分配のあり方・モデルが提案されているというべきである（任意法の指導形象機能）」とされる（河上正二『民法総則講義』（日本評論社、2007年）256-257、263頁）。

えないのかもしれない。

　もっとも、強行法規によって、ある類型の者を保護するということは、長期的にみると、当該類型の者が自分の能力を高めるという努力を要しないというメッセージを送ることになりかねないし、そのような者と取引をする主体はそのような強行法規を前提として行為するため、そのような者にとって有利な機会も与えられないことにつながるおそれもある。

　いずれにせよ、AIの発達、日常生活における重要性の高まりに対応するため、法令で実体的規律を加えることは必ずしも的確に行えないかもしれない。すなわち、規律が、社会全体の厚生の最大化という観点から、過剰または過小になるおそれがあるし、技術の発展が早いため、規制が後追いになるということが予想される。

　このように考えてみると、実体的規律（禁止や義務付け）は最小限にとどめ、他方で、人間の権利を適切に保護するという観点からは、損害賠償あるいは刑事罰を通じて動機づけを行うことが適切なのではないかと思われる。

　もちろん、刑事罰との関係では、自由主義の原理から、どのような行為が罪にあたるかを個人が認識することができるようにして、犯罪にあたらない行為は自由にすることができることを保障することが要請され、かつ、民主主義の原理からは、どのような行為を罪とし、その罪に対してはどのような刑を科すべきかについては、国民の代表者で組織される国会（または住民の代表者で組織される地方議会）によって定め、国民・住民の意思を反映させることが要請される（罪刑法定主義）。

　他方、民事責任（損害賠償）との関係では、少なくとも、不法行為責任をどのような場合に負うのかについて、民法709条は、「故意又は過失によって他人の権利又は法律上保護される利益を侵害した者は、これによって生じた損害を賠償する責任を負う。」と定めているが、ここでいう「他人の権利又は法律上保護される利益」に何があたるのかについて、法律が

19）パターナリズムという言葉は、親が子供のためによかれと思ってすることに由来する。力のある者が、弱い者の利益のためだとして、弱い者の意思に反してでも、介入、干渉または支援することをいい、強行法規は——社会全体の秩序を維持するためのものは別として——そのような面をしばしば有する。

限定的に列挙しているわけでは必ずしもない。たしかに、民法の一部を改正する法律（平成16年法律第147号）による改正前民法では、単に「他人ノ権利」と規定されていたため、民法の学説としては、不法行為に基づく救済を「権利」の侵害のある場合に限ると被害者が救済される場合が狭くなることをおそれて、権利侵害ではなく違法性が認められる場合に不法行為が成立するという考え方が通説的な見解となっていた。しかし、いまや、少なくとも、「法律上保護される利益」と規定されている以上、社会通念上、保護されるべきと考えられる利益が侵害された場合には、損害賠償請求が認められると考えてよく、そうであれば、AIの発展に対応して、「法律上保護される利益」も柔軟に解釈することは可能なのではないかと思われる[20]。

　もっとも、刑事罰の場合と同様、民事責任との関係でも、人間の現在及び未来にとって必要な技術の開発・発展を阻害しないという観点からは、萎縮効果を防止するための予測可能性をいかに確保するかが問題となりうる。

　ところで、視点を変えてみるならば、AIが日常生活に取り入れられることによって生活や社会の利便の向上が図られるのだとすれば、AIが日常生活に取り入れられることを促進するために法を制定することが社会的には合理的である。安直には税制上の優遇措置を定めたり、補助金等を支給することが考えられる。また、すでにみた原子力損害の枠組みのように、いざとなれば国が支援をしてくれる、場合によると、事業者にとっては実質的には負担するリスクが限定されるというのであれば、リスクをとってイノベーションを促進しようという勇気を与えることになりうる。同時に、事業者の資力にかかわらず、事業者の損害賠償責任が——場合によっては国の支援をうけて——必ず履行され、十分な補償がされるというのであれば、社会（被害者になりうると思っている人々、自分の利益が害されるとおそれている人々）は、当該事業のリスクを許容することもありうる

20) 山本敬三「不法行為法における『権利又は法律上保護される利益』の侵害要件の現況と立的課題」現代不法行為法研究会編『不法行為法の立法的課題（別冊NBL No.155）』（商事法務、2015年）、同「不法行為法学の再検討と新たな展望——権利論の視点から」法学論叢154巻4〜6号（2004年）292-350頁参照。

ことになろう。このように考えると、法にイノベーションを後押しする機能があることが、AIが日常生活に十分に取り入れられるために重要であるということも忘れてはならない。

　また、任意法規を定めることにはAIの活用を促進する効果があるかもしれない。任意法規はデフォルト・ルールとして機能するため、交渉の手間を省くことができるというメリットがある。また、補充と解釈（契約当事者の意思が明らかでない場合にこれを補充し、また、契約当事者の意思が不明確な場合にこれを決定する規範）という機能を有しており、当事者の意思を推定することができる。さらにより多くの情報を保有する当事者に不利な内容を定める場合には、契約当事者間における交渉の促進という機能もある。

　また、人間は現状維持バイアスをもっているため、任意法規が適切な内容をもって定められれば、厚生（welfare）を増進する方向に個人を誘導することになりうる。これは、当事者が任意法規の内容に一定の正当性があると考える傾向があること、当事者が任意法規の回避に必要な時間や労力の消費を回避するために行動を差し控える傾向があること、当事者が任意法規に定められた法的地位をそうでないものと比べて高く評価する傾向があること、及び、当事者が明確な選好をもっていないために任意法規の内容を受け入れる傾向があることによる[21]。

＊科学研究費補助金 挑戦的研究（萌芽）（18K18551）の助成を受けて行っている研究の成果の一部である。

21）参考文献としては、たとえば、Sunstein, Cass R., Switching the Default Rule, 77 N. Y. U. L. Rev. 106（2002）、Ayres, Ian and Robert Gertner, Filling Gaps in Incomplete Contracts: An Economic Theory of Default Rules, 99 Yale L. J. 87（1989）、及び、松田貴文「任意法規をめぐる自律と秩序(1)(2・完)」民商法雑誌148巻1号（2013年）34頁以下、2号（2013年）117頁以下参照。

第3章

憲法の基本原則とAI

山本　龍彦

I　はじめに

　我々の憲法は、プライバシーを保障し、平等原則（法の下の平等）を重要視し、政治体制として民主主義を採用してきた。本稿は、人工知能（AI）の導入が、こうした憲法上の権利や諸制度に与える消極的な影響について検討する。

　もっとも、本稿は AI の活用を否定するものではない。むしろその逆である。近代の法システムは、基本的には人間による意思決定（human decision-making）を前提にしてきた。啓蒙主義の流れを汲む近代の法システムは、「人間」が理性的な存在で、自律的な決定を行いうることを前提としてきた。しかし、現実はどうだろうか。人間の元々の能力なのか、意思決定の場面があまりに多いことによる「自己決定疲れ」なのかはここでは措くとして、実際に人間が理性的でない決定を行うことはあまりに多い。そうであるならば、AI の消極的側面を十分に踏まえたうえで、「人間による意思決定」の一部を AI に代替させ、人間の決定コストを減らすべきではないか。それによって、我々は、人間の決定が本当に必要な場面に時間と労力を集中させ、結果的にその決定をより質の高いものにできる可能性がある。本稿が期待するのは、人間の決定と AI の決定（アルゴリズムによる決定）とを組み合わせた“ハイブリッド”な統治形態である[1]。

　こうした見通しを示すため、まずは AI がプライバシー、平等原則、民主主義に与える消極的な影響（リスク）についてみておこう。

---

1 ）*See* Tim Wu, *Will Artificial Intelligence Eat the Law? The Rise of Hybrid Social-Ordering Systems*, 119 COLUM. L. REV. 2001（2019）.

Ⅱ　AIとプライバシー

　AI社会とは、要するに「予測」と「個別化」の社会である。

　AIは、過去のあらゆるデータから「世界」の仕組みを学び、未来を予測する。この予測にも2つのものがある。1つは、社会ないし集団を対象とした予測、もう1つは個人を対象とした予測だ。近年は、後者を「プロファイリング」と呼ぶことがある。過去の個人データから当該個人の趣味嗜好などを予測するプロファイリングは、ターゲティング広告のように、「個別化（personalized）」した情報提供やサービスを可能にするもので、既に多くの社会領域で活用されている。

　無論、「個別化」は、個人に大きな便益を与える。その人のライフスタイルや特性に合った、きめ細かい医療、保険、教育等が提供されるからである。他方、予測と個別化をより精度の高いものにするには、より多くのデータが必要になるということには注意が必要だ。AIによく「働いて」もらうには、たくさんの良質なデータをAIに「食べさせる」必要がある。そうすると、我々はまず、AI社会とは「More Data」社会であり、データ保護ないしプライバシーという考えと根源的な緊張関係に立つことに留意する必要があるだろう。

　また、AIを使ったプロファイリングは、個人が他者に隠しておきたいセンシティブな事柄や、本人すら気付いていない無意識の心の動きまでを精度高く予測できる。これはプライバシーとの関係で大きな問題を提起する。やや古い事例だが、かつて米国の大手スーパーは、顧客の購買履歴等を用いて顧客の妊娠予測を行っていた。妊娠が予測された客にベビー用品のクーポン券を「個別に」送付していたのだ。妊娠はセンシティブな身体状況であり、スーパーにわざわざ伝えたくない情報であろう。プロファイリングは、事業者が、購買履歴のような取るに足りないデータから、こうしたセンシティブな事柄を秘密裏に「知る」ことを可能にするのである。

　個人情報保護法は、2015年の改正によって、「パーソナルデータ」を3

つに分類した。①一般的な個人情報、②センシティブ情報に当たる要配慮個人情報（信条、病歴、犯罪歴など）、③匿名加工情報である。そして、同改正により、②の取得には本人の事前同意が原則必要であるとされた。他方で①は取得に事前同意まで必要とされない。そうなると、事業者は、まず①を事前同意なく適法に取得し、これらをプロファイリングにかけて、マーケティングなど事前に公表している目的のため、②に当たるようなセンシティブな属性を予測——あるいは迂回的に「取得」——することが可能になる。要するに現行法では、米国の大手スーパーがマーケティングのために行った秘密裏の妊娠予測を違法と評価することが直ちにはできないのである。これは、AIプロファイリングによって、他者に知られたくない、他者との共有（シェア）を望まない情報が次々と事業者の手に渡ることを意味する。

　個人情報保護法は2020年にも改正されたが、プロファイリングに関する直接の規定は追加されなかった。だが、少なくとも、センシティブ情報のプロファイリングを行う場合には、それを個人に伝え、当該プロファイリングのためにデータ利用を停止できる権利を認めるべきだ。

　法改正に伴い、こうした運用が求められる可能性はある。日本経済新聞2020年３月11日付「個人データ分析に新規制、リクナビ問題が契機」は、以下のように報じる。「現在は『販促活動のため』など利用目的だけでいいが、改正後は『データ処理方法』も明示させる。人工知能（AI）で好みを推測するなど、データの扱い方の説明を求める」。実際、2020年改正を受けて公表された、個人情報保護委員会「改正法に関連する政令・規則等の整備に向けた論点について（公表事項の充実）」（令和２年10月14日）では、「例えば、いわゆる『プロファイリング』といった、本人から得た情報から、本人に関する行動、関心等の情報を分析する場合、本人がそういった分析が行われていることを把握していなければ、本人にとって想定しえない形で取り扱われる可能性があり、これは合理的に想定された目的の範囲を超えているとも考えられ、この場合、利用目的を合理的に想定できる程度に特定したことにならない」とし、ターゲティング広告や人事採用の場面でプロファイリングを行う場合にはその旨を明示し、「どのように自身の情報が取り扱われているかを本人が予測できる程度に利用目的を具

体的なものとする」ことを提案している。

　なお、2020年改正では、利用停止請求の範囲も拡大され、「本人の権利又は正当な利益が害されるおそれがある場合」に利用停止請求が認められるようになった（30条5項）。そうすると、AIプロファイリングによって、「本人に対する不当な差別、偏見その他の不利益が生じないようにその取扱いに特に配慮を要する」要配慮個人情報（2条3項）──言いかえれば、その利用によって本人の権利・利益が害されるおそれがある情報──が分析・予測されることが上述の利用目的の公表により予測しえた場合、当該プロファイリングのためのデータ利用を停止できると解する余地がある。このように考える場合、2020年改正により、AIプロファイリングがもたらす課題に対する最低限の対策が実現するようにも思われる。

　2019年には、就活サイト運営事業者（リクナビ）がAIを使って学生の内定辞退率をプロファイリングし、そのデータを企業に販売していたことが明らかとなり、厳しい批判がなされた。この事件は、AI社会では情報漏洩を防ぐセキュリティの問題だけでなく、プライバシーに関する課題の1つとして、プロファイリングの問題にも注意を払うべきだということを端的に示している。2020年改正は、就活サイト運営事業者が、企業に対し、内定辞退率を提供先企業で特定個人を識別できることを知りながら本人同意なく提供していたことを受け、「本人関与のない個人情報の収集方法が広まることを防止する」目的で、個人データに該当しないもの（AIプロファイリングの結果を含む）を第三者に提供する場合でも、提供先で個人データとなることが想定される場合には、主として提供先が本人同意を得ることなどを要請した[2]。AIプロファイリングが一般化する時代にあっては、プロファイリングも含めて、個人に関する情報の利用のあり方等を本人が決定できることを「基本的人権」として認めることがますます重要になるだろう[3]。2020年改正は、基本的にこのような方向と親和的

---

[2]　佐脇紀代志編著『一問一答　令和2年改正個人情報保護法』（商事法務、2020年）60頁。

[3]　情報自己決定権をめぐる議論については、曽我部真裕＝山本龍彦「誌上対談　自己情報コントロール権をめぐって」情報法制研究7巻（2020年）128頁以下参照。

であり、手放しで賞賛することはできないとしても、一定程度、積極的な評価を与えることができる。

　顔認証（認識）技術とセンシング技術の向上についても触れておこう。近年は、カメラを通じて遠隔で血流や脈拍を捉えたり、表情の微細な動きを捉えたりして、人の感情や心理的な動きを解析するセンシング技術も開発されている。こうした技術は高度な監視に応用でき、政治的にも利用できる。例えば、ある政治的指導者の写真を街中に貼り、その前を通る人たちを顔認証機能とセンシング機能付きのカメラで撮れば、通行人が当該指導者に対してどのような感情をもっているかがわかる。誰が心から当該指導者を支持し、誰が上辺だけ支持をしているかがわかるわけだ。その結果をデータベース化しておけば、政府の公安活動に大いに役立てられよう[4]。

　「心を読む」センシング技術は、プライバシーだけでなく、憲法が保障する内心の自由（19条）を侵害する可能性がある。しばしば人間は、考えていることと異なる行動をとる。役者の仮面を表す「ペルソナ」が「人格（パーソン）」という言葉になったように、人間は演技する動物なのだ。「演技」によって社会生活を主体的・自律的に生きているとさえいえるだろう。その意味では、AIを用いて、「仮面」の下にある「内面」を覗き見ることは、内心の自由を侵害する重大な人格権侵害となることもあるのではなかろうか。

　ところで、従来、憲法学では、憲法19条による保障の核心を、特定の人生観・世界観・思想体系（をもつこと）の保護にあると解する傾向が強かったが（信条説）、そうであると、体系的な思想に至らない無意識領域や認知過程を十分に保護できない。したがって、19条による保障は、「〔思想・良心の〕動態的な形成過程」にも及ぶと解するべきだろう[5]。近年は、AIによる詳細な心理的プロファイリングを用いたマイクロターゲ

4）山本龍彦「“C”の誘惑——スコア監視国家と『内心の自由』」世界2019年6月号 115頁。

5）佐藤幸治『日本国憲法論〔第2版〕』（成文堂、2020年）244頁、山本龍彦「続・原発と言論——政府による『言論』の統制について」大沢秀介編『フラット化社会における自由と安全』（尚学社、2014年）75-76頁。

ティングにより、個人の認知プロセスを「ハック」し、個人の行動を特定の方向に強く誘導することも可能になってきているといわれる[6]。これは、AIによって、憲法が保障する自律的な意思決定が脅かされうることを意味している。以上のようなリスクを踏まえても、AI社会では、内心の自由を意思形成「プロセス」までをも保護するものと捉えておく必要が高いといえよう[7]。

6）例えば、後述するケンブリッジ・アナリティカの実態を描いた、クリストファー・ワイリー〔牧野洋訳〕『マインドハッキング——あなたの感情を支配し行動を操るソーシャルメディア』（新潮社、2020年）。

7）山本・前掲注5）75頁、小久保智淳「『認知過程の自由』研究序説——神経科学と憲法学」法学政治学論究126号（2020年）375頁以下参照。

Ⅲ　AI と個人の尊重、平等原則

　憲法13条が掲げる「個人の尊重」は、個人を集団的属性によって短絡的に評価してはならず、当該個人の発する声にしっかりと耳を傾け、その具体的な事情を斟酌すべしとの内容を含む。これは、個人がいかなる身分・集団に属しているのかが何より重要で、個人一人ひとりの個性や能力等がほとんど顧みられなかった身分的封建制と訣別するために挿入された近代憲法の基本原理である。

　これが AI とどう関係するのか。AI は「個別化」が得意だが、実は、個人そのものというよりも、当該個人が属しているセグメント（共通の属性をもつ集団）の一般的傾向を見ている。セグメントは、かつての身分集団よりも遥かに細分化されてはいるが、「集団」であることは間違いない。となると、AI の評価は、セグメントという「集団」に基づく確率的な評価に過ぎないといえる。それにもかかわらず、仮にこうした確率的評価を鵜呑みにして、すなわちその確率的評価のみに基づいて個人を効率的に分類・仕分けするとすれば、「当該個人の発する声にしっかりと耳を傾け、その具体的な事情を斟酌すべし」という個人の尊重原理に反することになるように思われる。

　もちろん、人間による評価も特定の集団に対する固定観念からバイアスがかかることがある。そうだとすれば、AI の評価を排除するのではなく、AI の判断、人間の判断それぞれの弱点を補完し合うようなハイブリッドな意思決定のあり方を模索すべきだろう。

　個人の尊重原理と密接に関わる平等原則も、AI の利活用によって脅かされるおそれがある。ここでは、AI による過去の差別の助長・再生産と、AI による新しい差別の発生という 2 つの問題に分けて論じたい。

　まず、前者の要因として、AI が学習するデータセットの偏りが挙げられる。例えばグーグルの顔認証システムは、かつて黒人女性をゴリラと判定してしまった。AI の学習に使われたデータセットが、白人男性を中心

に構成されており、有色人種の女性のデータが適切に反映されていなかったからである。それにより、AIは黒人女性の顔の違いについて十分に勉強できなかったわけだ。一般に、AIが学習するデータセットには、マイノリティのデータが過少に代表（underrepresent）されるリスクがあり、結果的に、マイノリティにとって不利な判断につながる可能性がある。実際、データセットの偏りによる誤認証のリスクから、米国のサンフランシスコ市などでは、行政による顔認証システムの利用が条例上禁止されている。2020年3月には、ワシントン州が、行政による顔認証技術の利用を規制する法律を可決させた。

　アマゾンの採用プログラムでも同様の問題が起きた。もともと技術職の世界は男性優位で、圧倒的に男性が多く、AIが学習するデータセットに性別による偏りがあった。そのため、技術職の採用においてAIが女性に不利な判定を下していたのだ。アマゾンは、こうした問題を見越して、当初から性別情報をインプット情報から排除していたのだが、出身大学（例えば女子大）など、性別と関連する情報が性別の「代理変数」として働き、結果的に差別的な影響が出ていたわけである。こうした差別を防ぐ方法として、マイノリティの不利をなくすようなかたちでアルゴリズムを調整するというアプローチがある。実際、米国の一部の警察が使っている犯罪予測システムでは、人種的マイノリティへの差別的影響を抑えるため、アルゴリズムの調整が行われている。しかし、この調整をかけすぎると、予測精度が落ちるうえ、今度は人種的マジョリティに差別的な影響が出ることがある。人種的アファーマティブ・アクション（積極的差別是正措置）に伴う憲法上の課題として、従来から議論されてきた「逆差別」と同様の問題である。このようなことを踏まえると、アルゴリズムの調整をどのように行うべきかは、AI社会において非常に重要な法的・倫理的問題を提起するだろう。アルゴリズムの公平性（algorithmic fairness）はAI社会における最重要論点といえる[8]。

　AIによる新しい差別の原因となるのは、AIの判断過程のブラックボッ

8）荒井ひろみ「倫理的なAIの実現に向けた技術的進展と課題」Nextcom 44号（2020年）26頁。

クス化である。近年、様々な個人データから、AI が個人の社会的信用力をスコア化する信用スコアリングが拡がっている。このようなスコアが、与信だけでなく、採用や教育、シェアリングエコノミーの信頼指標などとして使われるようになれば、スコアが低い人は社会の至る所で排除される可能性がある。もちろん、個人が自らの努力によってスコアを上げられれば、こうした信用スコアが新しい差別の原因となることはないが、スコアの算定に深層学習など複雑な学習方法が使われれば、そのプロセスがブラックボックス化してしまい、低いスコアが付いた理由がわからなくなる。となると、どうすればスコアを上げられるのかもわからず、一旦低いスコアがつけられると、再逆転のチャンスがないまま社会の下層で固定されてしまう可能性がある。AI を使ったスコアリングによって「バーチャル・スラム」と呼ばれる新たな被差別集団が生まれ、社会が階層化していくと指摘される所以だ。

　もちろん、AI を使った信用スコアにも利点はある。人間の判断バイアスを補正できるというメリットもあろうし、伝統的な信用情報をもっていないこれまでの社会的弱者が、行動データによって自らの信用力を可視化し、金融取引に参加できるという「ファイナンシャル・インクルージョン」が実現される可能性もあるだろう。中国では、行動がスコアと連動しているとわかることで、個人が危険な行動や不道徳な行動を自己抑制するようになり、社会全体が安全になったという声も聞かれる。他方で、行動が常に見られているという意識、それがスコアの低下につながるかもしれないという懼れから、行動の自由が失われ、活気に満ちた民主主義社会が浸蝕されるリスクには最大限の注意が必要だ[9]。

　AI を使ったスコアは、より包摂的（inclusive）で自由な社会を構築するために用いられるべきであり、それが新たな差別や排除の道具となってはならない。そのためには、少なくとも、①スコアの利用範囲を特定の目的に制限すること、②一企業のつける信用スコアが市場支配的となることを避け、スコア（アルゴリズム）——個人を評価する物差し——の多元性を

9）中国の問題状況については、梶谷懐＝高口康太『幸福な監視国家・中国』（NHK出版、2019年）。

確保すること、③可能な限りスコアリングの透明性を確保して、事業者の側に一定の説明義務を課すこと、④スコアを用いた決定に対して個人が異議を唱える手続を用意することが求められよう。

Ⅳ　AI と民主主義

　AI の利用は、憲法が採用する民主主義体制にも消極的な影響を与えう
る。

　先に AI 社会は必然的に More Data 社会になると述べたが、監視社会
化のリスクは避けられない。常に見られているという状態は、人々の不道
徳な行動を抑止し、安心安全な社会の実現に資するが、同調圧力が強まり
全体主義化するリスクがある。

　また、プロファイリングによる個別化は、「フィルター・バブル」と呼
ばれる情報環境を作り出す。スマートフォンには、プロファイリングに
よって予測されたユーザーの趣味嗜好等に合わせて、情報が選択的に送ら
れている。我々は、AI が不要と判断した情報がフィルタリングされた
「泡（バブル）」の中にいる。これはユーザーにとって快適な情報環境かも
しれないが、例えば当該ユーザーの政治的信条と異なると予測された意見
がフィルタリングされ続けることで、同質の意見のみに囲まれ、その者の
思想が極端化し、社会的な分断を招くとも指摘される。最近では異論もあ
るが[10]、「バブル」に閉じ込められることで世界が狭くなり、多様な価値
観をもった人々が共生する公共空間を意識しにくくなることは確かだろ
う。民主主義の維持には、①他者の見解に触れること、②政治的コミュニ
ティの構成員で集合的な「共有経験」をもつことが必要とされるが[11]、
AI による情報環境の個別化は、この条件の成立を難しくする。

　さらに、プロファイリングは、フェイクニュース等による言論操作・感
情操作の効果を向上させ、民主主義を破壊させうる。2016年の米国大統領
選で、トランプ陣営の選挙運動を支援した選挙コンサルタント会社（ケン

10）　田中辰雄＝浜屋敏『ネットは社会を分断しない』（KADOKAWA、2019年）。
11）　キャス・サンスティーン〔伊達尚美訳〕『＃リパブリック――インターネットは民
　主主義になにをもたらすのか』（勁草書房、2018年）。

ブリッジ・アナリティカ）は、SNS データからユーザー一人ひとりの心理的傾向を分析し、フェイクニュースに脆弱な者に対して選択的にフェイクニュースを配信していたとされる。ケンブリッジ・アナリティカは、人間の認知バイアス（感情ヒューリスティック）に着目して、「ターゲットの心の奥底に潜む人種差別意識を刺激」するなど、「ターゲットの心の中の『悪魔』を意図的に目覚めさせ」ることで、「ヘイトとカルト的パラノイアでアメリカ全土を"汚染"」し、トランプに有利な方向にユーザーの感情や行動を誘導することを試みたという[12]。現在、アメリカの民主主義を危険に晒している激しい感情的分断が、部分的であるとしても、AI プロファイリングによってもたらされたという側面を否定することはできない。

　また AI は、「ディープフェイク」と呼ばれる巧妙な偽画像を作成することにも利用されている。こうみると、AI は現在、偽情報の作成と、その選択配信の双方に関係しているわけである。他方で SNS 事業者は、AI を使ってフェイクニュース等を検知・削除するシステムも開発しているが、それによって本来は掲載が認められるべき投稿を過剰に削除してしまうという問題も指摘されている。フェイクニュース対策等に AI を用いる場合には、表現の自由に配慮して、透明性とアカウンタビリティを徹底すべきであろう。具体的には、削除基準を明確化し、これを公表すること、自動検知モデルの構築プロセスを公表し、広くユーザー等の意見を得ること、削除等された者への救済手続（終局的には人間の関与を要する）を用意することなどが考えられる[13]。いずれにせよ、民主主義を維持・発展させるために AI をどう活用すべきかは、世界的に未だ解の出ていない難問であり今後も、様々な関係者（マルチステークホルダー）による領域横断的な検討が求められるように思われる[14]。

12）ワイリー・前掲注 6 ）225頁。
13）AIを用いたソーシャルメディア上の誹謗中傷投稿への対策については、ヤフー株式会社・プラットフォームサービスの運営の在り方検討会『プラットフォーム事業者による個人に対する誹謗中傷投稿への対応に関する提言書』（2020年12月22日）参照。
14）山本龍彦「思想の自由市場の落日——アテンション・エコノミー×AI」Nextcom 44号（2020年）4頁以下参照。

Ⅴ　終わりに

　これまで、AIが人権や民主主義に与える消極的な影響について述べてきた。しかし、現状、人権が十分に保障されているわけでも、民主主義が健全なかたちで機能しているわけでもない。現実は、憲法の理想とは程遠いとも言えるだろう。そうだとすれば、これまで述べてきたAIの"ダークサイド"を十分に自覚しつつ、AIを適切なかたちで利用し、憲法の理想を実現するためにAIを使っていくという姿勢が必要である。内閣府が2019年3月に公表した「人間中心のAI社会原則」でも、「AIの利用は、憲法及び国際的な規範の保障する基本的人権を侵すものであってはならない」と謳われている。また同原則は、プライバシーの確保や、公平性・説明責任・透明性にも配慮すべきだと述べている。我々が目指すべきなのは、AIにデータを「食べさせる」ためにプライバシーを軽視したデータ収集を行い、機械学習の強みを生かすために人間に説明できないような複雑高度な学習方法を導入するなどして、ただひらすらにAIの予測精度を上げるような社会ではない。人間は、AIがはじき出した最適解に黙従するだけの存在ではないはずである。

　AIは、確かに迅速で効率的な意思決定を可能にする。したがって、ルーティンのような作業には、AIを積極的に導入すべきである。しかし、先述したような種々のリスクに鑑みれば、人間が責任をもって決定しなければならない領域が必ずあるはずだ。欧州のGDPR（一般データ保護規則）のように、雇用・与信・保険・教育といった領域での重要な決定は、AIを適切なかたちで利用しつつも、終局的には人間が責任をもって行うべきと考えることもできるだろう。

　飛行機の操縦も、コンピュータと人間とのコラボレーションによって行われる。通常時はコンピュータの自動操縦に委ねられるが、重要場面では人間のマニュアル操縦に切り替わる。このハイブリッドなシステムが、飛行機の安全な航行を保証しているのである。これからのAI社会を生きる

我々に求められるのは、このような人間と AI との適切な役割分担であろう。人間の決定と AI の決定とを組み合わせたハイブリッドな統治システムをいかにして構成できるか[15]。それこそが、AI 社会における最大の憲法的課題といってよいかもしれない。

＊本稿は、慶應義塾大学通信教育部「三色旗」830号（2020年）19頁「憲法の基本原則と AI」に加筆したものである。また、成城大学法学部現代法研究室講演会を再構成したものであるため、文献引用も最小限にとどめた。ご寛恕いただければ幸いである（本稿の各論点について詳細に検討したものに、山本龍彦編著『AI と憲法』〔日本経済新聞出版社、2018年〕がある）。

---

15) 稲谷龍彦「統治システムの近未来を考えてみる：Governance Innovation and Beyond」Nextcom 44号（2020年）15頁。

第 4 章

AI 兵器と国際法と倫理規範
——LAWS[1] 規制の現状と展望

岩本　誠吾

I　はじめに——ロボット兵器の現状

1　ロボット兵器の特徴とその区分

　戦闘手段である兵器は、科学技術の発展とともに進化してきた。兵器は、農業時代の道具（刀や銃）から工業時代の機械（機関銃）へ、さらに、情報時代の装置（精密誘導兵器）へと変容してきた[2]。情報時代では、情報システムに基づく兵器システムとして運用され、精確な攻撃が可能となった。さらに、近年の兵器は、自国戦闘員の犠牲を低減化するために、敵側の攻撃能力の射程範囲外からのスタンド・オフ攻撃を可能にする長射程ミサイルのように、兵器の攻撃命令地点と兵器による被害発生地点が地理的に遠く離れるようになった（遠隔化[3]）。また、ロボット[4]兵器のように、省人化・省力化だけでなく、人間に代わり危険な（Dangerous）・汚い（Dirty）・単調な（Dull）・奥深い（Deep）４Ｄ任務の遂行を可能にした（脱人間化[5]）。加えて、ロボット兵器は、有人搭乗兵器（航空機、戦車、艦艇、潜水艦）と比較して小型かつ安価のために、軍事大国のみならず弱小国にも急速に拡散している。

　ロボット兵器の区分は、【表1】ロボット兵器の区分の通りである。活

1）LAWS とは、Lethal Autonomous Weapons Systems（致死性自律型兵器システム）の略語である。

2）加藤朗『兵器の歴史（ストラテジー選書 1 ）』（芙蓉書房出版、2008年）11-14頁。

3）Jens David Ohlin ed., *Research Handbook on Remote Warfare*, 2017, p.1.

4）ロボットは、感覚・思考・行動パラダイムに則って作られた機械であり、感知・認識するセンサー、思考・判断するプロセッサー、そして、行動を起こすエフェクターの３つの主要要素から構成される人工装置である。P. W. Singer, *Wired for War: The Robotics Revolution and Conflict in the 21st Century*, 2009, p. 67, P.W. シンガー（小林由香利訳）『ロボット兵士の戦争』（NHK 出版、2010年）103頁。

5）Wolff Heintschel von Heinegg, Robert Frau, Tassilo Singer eds., *Dehumanization of Warfare: Legal Implications of New Weapon Technologies*, 2018, p. 1.

【表1】ロボット兵器の区分

大 ← 〈人間の関与〉 → 小又はゼロ				
	遠隔操作型兵器 (human in the loop)	半自律・監視型兵器 (human on the loop)	完全自律型兵器 (human out of the loop)	
			特化型 AI 搭載	汎用型 AI 搭載
陸上 移動型	小型：タロン（米）、大型：ガーディアム、ボーダープロテクター(ISR)、戦車：ウラン9（露）	領域防護：C-RAM、ペトリオット、サード、イージスアショア（米）、アイアンドーム(ISR)	全自動戦闘型戦車：サラートニク（露）	現存せず
陸上 固定型	SGR-A1(韓)＊、セントリーテック(ISR)	車両防護：トロフィー(ISR)、アリーナ（露）	SGR-A1（韓）＊	
海上	水上艦：プロテクター USV(ISR)、シーハンター（米）、ESGRUM（エクアドル）水陸両用：海イグアナ（中）	領域防護：イージス（米）艦船防護：CIWS、ファランクス（米）、ゴールキーパー（蘭）		現存せず
海中	機雷捜索・海底監視用：海翼（中）、自律型水中航走式機雷探知機 OZZ-5（日）、ブルーフィン（米）	カプセル封入型機雷：PMK-2（露）		現存せず
空域	戦闘型：プレデター、リーパー（米）、翼竜、彩虹（中）、コルサル、オホートニク（露）		滞空突入型：ハーピー、ハロップ(ISR)、剣翔（台湾）	現存せず

本表は、完全自律型兵器を特化型 AI 搭載と汎用型 AI 搭載を区別する上野博嗣氏の論文（注7および8）を参考に筆者が加筆・修正したものである。なお、ISR はイスラエルの略称。

＊韓国の固定武装歩哨ロボット SGR-A1は、完全自律モードを備えているとの見方がある。Paul Scharre, *Army of None, Autonomous Weapons and the Future of War* 2018, pp. 104-105、ポール・シャーレ（伏見威蕃訳）『無人の兵団—— AI、ロボット、自律型兵器と未来の戦争』（早川書房、2019年）152-153頁。

動領域の観点から、無人陸上車両、無人水上艦艇、無人水中航行体および無人航空機（通称ドローン）に区分される。また、当該兵器は、搭載のレーダー、センサー、コンピュータ、通信装置および人工知能（Artificial Intelligence, AI）の画期的な技術革新により、火薬・核兵器に続く「第3次軍事革命」と称されるほど顕著な進化を遂げている。敵対行為での一連の動作（標的の探索、標的化、追跡、攻撃）で人間の役割（認識、評価、判断）が縮小する一方、ロボット兵器の自律性が拡張している。

　自律性の観点から、標的の選択や攻撃を人間が実行する遠隔操作型兵器（人間が意思決定の輪の中にいる兵器、"human in the loop" weapons）、一旦起動すれば、人間の指令から独立して自律的に攻撃できるが、途中で攻撃を

停止できる人間の監視下にある半自律・監視型兵器（人間が意思決定の輪の上にいる兵器、"human on the loop" weapons）および人間の関与なく、標的の捜索・選択・攻撃を実施する完全自律型兵器（人間が意思決定の輪の外にいる兵器、"human out of the loop" weapons）の 3 つに大別できる[6]。さらに、完全自律型兵器は特化型 AI（Specialized or Narrow AI）搭載兵器と汎用型 AI（Artificial General Intelligence, AGI）搭載兵器に細分化される[7]。前者は「人間が設計したプログラムに従って標的を選択し武力を行使でき」、後者は「AI 自らが設定した標的を選択し武力を行使できる」[8]。対物破壊用のイスラエル製ハーピー[9]は、前者の完全自律型兵器に該当する。現存の AI はすべて特化型 AI であり、汎用型 AI[10]もそれを搭載した完全自律型兵器も存在しない。

6 ）Human Rights Watch（HRW）, *Losing Humanity: The Case against Killer Robots*, 2012, p. 2.
7 ）上野博嗣「ロボット兵器の自律性に関する一考察 — LAWS（自律型致死兵器システム）を中心として — 」『海幹校戦略研究』9 巻 1 号（2019 年 7 月）141-150 頁。特化型 AI と汎用型 AI は、人間のような問題処理能力を持つか否かによって、弱い AI（Week AI）と強い AI（Strong AI）とも称される。
8 ）上野博嗣「完全自律兵器（Fully Autonomous Weapons）の自律とは — ターミネーターは誕生するのか — 」（コラム 131, 2019/02/25）、海上自衛隊幹部学校戦略研究会、https://www.mod.go.jp/msdf/navcol/SSG/topics-column/col-131.html（2020 年 2 月 18 日閲覧）。
9 ）発射後に目標上空で長時間遊弋しながらレーダー電波の発信源を補足・追尾し自ら突入し地対空ミサイルシステムを破壊する。ロシア製戦車サラートニク（BAS-01G Soratnik）も AI が標的を補足・識別・攻撃する自動戦闘モジュールを採用している。Jared Keller, "The Maker of the AK-47 Just Released Footage of Its Robot Tank," *The National Interest*, March 18, 2018, https://nationalinterest.org/blog/the-buzz/the-maker-the-ak-47-just-released-footage-its-robot-tank-24926（accessed at 4 March 2020).
10 ）レイ・カーツワイルは、AI が人間の知能を超えるシンギュラリティ（singularity、技術的特異点）を 2045 年に迎えると予言する。Ray Kurzweil, *The Singularity Is Near: When Humans Transcend Biology*, 2005, p. 136、レイ・カーツワイル（井上健監訳）『ポスト・ヒューマン誕生 — コンピュータが人類の知性を超えるとき』（NHK 出版、2007 年）151 頁。

2　軍事大国の AI 開発競争

　では、AI の研究開発に対する軍事大国の中・露・米の姿勢は如何なるものか。中国国務院は、2017年7月に「次世代 AI 発展計画」[11] を通達し、2030年までに AI の理論・技術・応用が全体的に世界トップ水準に達し、中国を世界の主要 AI 革新センターにすると目標を設定した。それを基に、習近平総書記は、2017年10月の中国共産党第19回全国代表大会で軍事面のインテリジェント（知能）化の発展[12] を加速すると報告した。

　プーチン露大統領は、2017年9月の新学期に100万人を超える学生と教師に対して、AI 分野でのリーダーが世界の統治者になる[13] と発言した。2019年10月に同大統領が承認したロシアの「2030年までの AI 開発の国家戦略」[14] では、ロシアは、AI 技術の開発・使用において世界のリーダーと成り得る相当な潜在力があり、2030年までに人間の知的活動を模倣する技術レベルに達するような AI を技術開発すると目標を設定した。

　トランプ米大統領は、2019年2月に AI での米国の優位性を促進し保護するために、「AI における米国のリーダーシップの維持に関する大統領令13859」[15] を発出した。当該大統領令に基づき発表された「2018年国防総

---

11)「中国の AI、2030年にはどこまで発展？」『人民網日本語版』2017年7月21日、http://j.people.com.cn/n 3 /2017/0721/c95952-9244734.html（2020年2月4日閲覧）。

12)「習近平氏：小康社会の全面的完成の決戦に勝利し、新時代の中国の特色ある社会主義の偉大な勝利をかち取ろう—中国共産党第19回全国代表大会における報告」『新華網日本語』2017年10月28日、http://jp.xinhuanet.com/2017-10/28/c_136711568.htm（2020年2月4日閲覧）。

13) "'Whoever leads in AI will rule the world': Putin to Russian children on Knowledge Day," 1 Sep. 2017, https://www.rt.com/news/401731-ai-rule-world-putin/ (accessed at February 4, 2020).

14) *Cf.* Decree of the President of the Russian Federation on the Development of Artificial Intelligence in the Russian Federation, *National Strategy for the Development of Artificial Intelligence over the Period Extending up to the Year 2030*, October 10, 2019.

15) *Executive Order on Maintaining American Leadership on Artificial Intelligence*, February 11, 2019.

省 AI 戦略概要」[16] は、AI が将来の戦場の特徴を一変させる可能性があり、米国は、同盟国とともに、戦略的地位を維持し、将来の戦場で勝利し、この秩序を保護するために AI を活用しなければならないと規定した。

　今まさに、中・露・米の 3 国間で峻烈な AI 軍拡競争[17] が勃発している。

3　自律兵器に関する規制議論の経緯[18]

　自律兵器規制の動きは、【表 2】自律兵器システムの規制動向年表が示すように、カーツワイルによるシンギュラリティ予言の 2 年後の2007年にロボット学者 Noel Sharkey が致死性自律型ロボット開発への懸念を表明したことに端を発する[19]。彼は、手遅れになる前に当該ロボットの国際規制や倫理規範の創設を要請した。国際連合（国連）人権理事会でも、2010年と2013年に、司法外、略式または恣意的な処刑に関する特別報告者の Philip Alston と Cristof Heyns が、各報告書の中で、致死性ロボット技術（lethal robotic technology）の開発[20] および致死性自律型ロボット（Le-

---

16)　U.S. Department of Defense（DoD）, *Summary of the 2018 Department of Defense Artificial Intelligence Strategy: Harnessing AI to Advance Our Security and Prosperity*, February 12, 2019. p. 5. 参照、上野博嗣「米国防総省、『2018人工知能戦略』を発表」（トピックス065 2019/03/12）海上自衛隊幹部学校戦略研究会、https://www.mod.go.jp/msdf/navcol/SSG/topics-column/065.html（2020年 2 月 5 日閲覧）。

17)　Future of Life Institute, *Asilomar AI Principles*, (18) AI Arms Race, 2017, https://futureoflife.org/ai-principles/?cn-reloaded=1（accessed at February 5, 2020）. 日本語版「アシロマの原則」、(18)　人工知能軍拡競争、https://futureoflife.org/ai-principles-japanese/（2020年 2 月 5 日閲覧）。

18)　自律兵器規制の経緯に関して以下参照、岩本誠吾「致死性自律型ロボット（LARs）の国際法規制をめぐる新動向」『産大法学』47巻 3 ・ 4 号（2014年 1 月）335-350頁、同「国際法における無人兵器の評価とその規制動向」『国際安全保障』42巻 2 号（2014年 9 月）21-26頁、同「第12章　ロボット兵器と国際法」弥永真生＝宍戸常寿編『ロボット・AI と法』（有斐閣、2018年）291-295頁、同「AI ロボット兵器と国際法規制の方向性」芹田健太郎ほか編『実証の国際法学の継承—安藤仁介先生追悼』（信山社、2019年）859-862頁。

19)　Noel Sharkey, "Robot wars are a reality," *The Guardian*, 18 August 2007.

20)　Philip Alston, *Interim Report of the Special Rapporteur on Extrajudicial, Summary or Arbitrary Executions (Alston Report)*, A/65/321, 23 August 2010.

【表2】自律兵器システムの規制動向年表　　　　　＊2020年11月末現在

年	AIの軍事利用に関連する規制動向		AI利用に関する倫理規範の作成動向
	国連・国際機関・国家	赤十字国際委員会（ICRC）・非政府組織	AI研究者・学会・企業、諸国家、国際機関
2007			8/18 Noel Sharkey が完全自律ロボット開発に懸念
2009		9/ ロボット軍備管理国際委員会設立	
2010	8/23 国連人権理事会 Alston 報告書		9/ 英国工学物理科学研究会議がロボット原則を公表
2012	11/21 米国防総省指令3000.09「兵器システムにおける自律性」公布	11/19 ヒューマン・ライツ・ウォッチ『失われつつある人間性』	
2013	4/9 国連人権理事会 Heyns 報告書 5/30 国連人権理事会で完全自律兵器を初議論 10/31 国連総会第1委員会で完全自律兵器を初議論 11/14-15 CCW 締約国会議が次年に LAWS 非公式専門家会合の開催決定	4/23 殺人ロボット阻止キャンペーン発足	
2014	2/27 欧州議会決議：完全自律兵器の開発・生産・使用の禁止要請 5/13-16 第1回 LAWS 非公式専門家会合 11/13-14 CCW 締約国会議	3/26-28 ICRC 主催の第1回専門家会合	
2015	4/13-17 第2回 LAWS 非公式専門家会合 11/4-18 アフリカ人権委員会の一般的意見 11/12-13 CCW 締約国会議		7/28 国際人工知能会議（IJ-CAI）で科学者約千名署名の自律兵器禁止要請公開書簡
2016	4/11-15 第3回 LAWS 非公式専門家会合 12/12-16 第5回 CCW 運用検討会議：次年度に政府専門家会合（GGE）の開催決定	3/15-16 ICRC 主催の第2回専門家会合	10/12 米科学技術政策局「人工知能の未来に備えて」公表 12/13 米国電気電子学会（IEEE）「倫理的に調和したデザイン第1版」公表
2017	5/8 米国防総省指令3000.09が有効期限条項の削除 11/13-17 GGE 初会合 11/22-24 CCW 締約国会議	8/28-29 ICRC 主催の第3回専門家会合	2/3 生命未来研究所「アシロマの原則」公表 2/16 欧州議会決議「ロボット憲章」採択 8/20 IJCAI で AI 企業創業者116名署名の国連への公開書簡 12/12 IEEE「倫理的に調和したデザイン第2版」公表

2018	4/9-13 GGE 第 1 会期 8/27-31 GGE 第 2 会期 9/12 欧州議会が LAWS 禁止条約交渉要請決議 11/21-23 CCW 締約国会議		6/7　グーグル社の AI 利用の倫理ガイドライン策定 7/18 IJCAI 年次国際合同会議で「致死性自律兵器に関する誓約」公表
2019	3/25-29 GGE 第 1 会期 7/4-8　欧州安全保障協力機構（OSCE）議員総会宣言で LAWS 禁止条約交渉要請 8/20-21 GGE 第 2 会期 11/13-15 CCW 締約国会議		3/4　AI 倫理のユネスコ・ハイレベル会議 3/29 日本「人間中心の AI 社会原則」 4/8　EU「信頼できる AI のための倫理指針」 4/3-17 ユネスコ執行委員会第206会期 5/16 加・仏による「AI 国際パネル」設立宣言 5/22 OECD「AI に関する OECD 原則」 5/25 北京智源人工智能研究院（BAAI）「北京 AI 原則」 6/17 中国「次世代 AI ガバナンス原則」 6/29 G20大阪首脳宣言で「G20 AI 原則」を歓迎 8/24-26 G7サミット・仏ビアリッツ宣言 10/31 米国防衛革新委員会が AI 原則を勧告 11/8　プーチン露大統領の発言 11/12-27　ユネスコ第40回総会
2020	9/21-25 GGE 第 1 会期・5 日間 11/2-6 GGE 第 2 会期・5 日間予定を延期 11/11-13 CCW 締約国会議予定を延期		4/20-24 AI 倫理専門家部会第 1 回会合 8/31-9/4 AI 倫理専門家部会第 2 回会合
2021	GGE（10〜20日間）予定 8/23-25 第 6 回 CCW 締約国再検討会議準備委員会予定 12/13-17 第 6 回 CCW 締約国運用検討会議予定		8/　ユネスコ第41回総会で AI 倫理文書の審議・採択予定

thal Autonomous Robotics, LARs）の出現[21] に関する問題を提議した。Alston は、戦争での使用に限定せずにロボット技術の開発・使用に関する法的、倫理的、道義的含意を考察するように勧告[22]した。Heyns は、

21）Cristof Heyns, *Report of the Special Rapporteur on Extrajudicial, Summary or Arbitrary Executions (Heyns Report)*, A/HRC/23/47, 9 April 2013.

22）*Alston Report*, par. 48.

LARs の国際法的枠組みが確立する時まで、LARs の実験・生産・組立・移譲・取得・展開・使用のモラトリアム・一時停止を勧告した[23]。

　2012年に、国際的な非政府組織（Non-Governmental Organization, NGO）のヒューマン・ライツ・ウォッチ（Human Rights Watch, HRW）は、20年から30年以内に完全自律型兵器が開発されるとの予測の下で、その出現の前に拘束力のある国際法文書によって当該兵器の開発・生産・使用を禁止することや当該兵器の研究・開発に関するロボット研究者用の職業行動準則を確立することを勧告した[24]。2013年に、HRW を含む 9 つの NGO が集結した殺人ロボット阻止キャンペーン（Campaign to Stop Killer Robots, CSKR）が発足し、世界規模の殺人ロボット禁止運動が始動した。

　LARs 問題は、人権の視点から、国連人権理事会や国連総会第 3 委員会（社会、人道、文化担当）で議論された。他方で、国連総会第 1 委員会（軍縮、国際安全保障担当）や特定通常兵器使用禁止制限条約（CCW）[25] 枠内で議論する方が適切であるとの意見も散見された。その結果、2013年の CCW 締約国会議で初めて致死性自律型兵器システム（LAWS）[26] が議題に取り上げられた。CCW 締約国会議の最終報告書[27] は、新たなマンデート（委任事項）として「LAWS 分野での新興技術」を討議するために2014年 5 月に非公式専門家会合を招集し、同年11月の CCW 締約国会議に非公式専門家会合に報告書を提出させることを決定した。2014年以降、LAWS 規制問題は正式な議題として CCW 枠内で審議されるようになった。

　LAWS 非公式専門家会合は、2014年・15年・16年と 3 回開催され、そ

23）*Heyns Report*, par. 113.

24）HRW, *Losing Humanity*, pp. 1 and 46-47.

25）正式名称は、過度に傷害を与え又は無差別に効果を及ぼすことがあると認められる通常兵器の使用の禁止又は制限に関する条約（Convention on Prohibitions or Restrictions on the Use of Certain Conventional Weapons Which May be Deemed to be Excessively Injurious or to Have Indiscriminate Effects）。当該条約の成立経緯に関して参照、岩本誠吾「第 6 章　特定通常兵器使用禁止制限条約（CCW）の成立過程—軍事大国と弱小国の相克と妥協—」榎本珠良編著『禁忌の兵器—パーリア・ウェポンの系譜学』（日本経済評論社、2020年）235-274頁。

26）CCW は、LARs ではなく、LAWS の用語を使用している。

27）CCW/MSP/2013/10, 16 December 2013, par. 32.

の都度、報告書が作成された。2016年の CCW 運用検討会議[28] は、非公式専門家会合から格上げされた政府専門家会合（Group of Governmental Experts, GGE）の次年度開催を決定した。GGE は、2017年・18年・19年と３回招集された。2018年８月の GGE では、そのマンデートを「LAWS 分野での新興技術」の討議から LAWS に関する「拘束力のある法文書の交渉」に変更する提案[29] が出されたが、GGE 内でコンセンサスが得られなかった。

　LAWS 問題は、主として、各国や NGO が CCW 枠内で議論してきた。同時に、AI・ロボットの研究者、彼らの所属する学術研究団体（学会）や AI 企業も、LAWS の研究開発に加担する潜在的立場から、AI 研究開発での職業倫理的な信念を表明している。当該表明は、従来の通常兵器の規制議論にはなかった社会現象である[30]。さらに、人類は、将来、AI と社会の如何なる関係性を築き、どのように AI と共生するかとの課題が、近年、国際関心事項となった。LAWS 規制の展望を考察する上で、従来の CCW 枠内での議論を中心としつつ、それ以外の領域での議論にも留意することが不可欠である。

4　規制対象の限定化

　CCW 枠内での LAWS 規制に関する議論の対象は、マンデートに示された「LAWS 分野での新興技術（emerging technologies in the area of lethal autonomous weapons systems）」である。第１に、「致死性」から、規制対象は輸送や偵察の非戦闘用ではなく、戦闘用の中でも対物破壊用ではなく、対人殺傷用に限定される。非戦闘用の完全自律型兵器は、将来開発さ

---

28) *Report of the 2016 Informal Meeting of Experts on Lethal Autonomous Weapons Systems (LAWS)*, CCW/CONF.V/2, 10 June 2016, decision 1, p. 9.

29) CCW/GGE.2/2018/WP.7, 30 August 2018.

30) 核兵器廃絶運動では、1955年のラッセル・アインシュタイン宣言での呼びかけを受けて科学者によって創設されたパグウォッシュ会議（Pagwash Conference）がある。この社会現象は、LAWS が核兵器に匹敵するほどの社会的影響力を持つことを暗示している。

れるとしても、本質的に、国際法上の議論の対象にならない。将来開発されるかもしれない対物破壊用の汎用型 AI 搭載自律型兵器は、後述の国際法原則に従い、軍艦、軍用航空機、軍用車両、潜水艦などの軍事目標を精確に選択・攻撃できるか否かにより、当該兵器自体およびその使用方法の合法性が判断される。それは、CCW 枠内での LAWS 議論とは別に、国際法上検討する余地がある。

　第 2 に、「LAWS 分野での技術」から、自律性に関連する AI 技術全般が規制対象ではない。AI 活用の自律性技術は、兵器分野でも目覚ましい進展が見られる。たとえば、米国は、無人艦載機 X-47B の航空母艦からの発艦（2013 年 5 月14日）・航空母艦への着艦（同年 7 月10日）および無人水上艦シーハンターのサンディエゴからハワイまでの往復航行（2019 年 2 月 4 日）を成功させた。中国も、固定翼無人機119機の群れ飛行（2017 年 6 月12日）、無人潜水艦海翼12隻の群れ潜水航行（2017 年 7 月23日）および無人水上艇50隻による群れ航行（2018 年 6 月 1 日）を成功させた。陸上でも、自律走行車両のイスラエル製ボーダー・プロテクターが存在する。AI による自律的な走行・航行・潜水航行・飛行は、敵対攻撃を補助的に支援する。当該自律性技術は、軍民両用（dual-use）技術であり、民生利用にも期待が大きい。軍事作戦でも、AI の自律性技術は、兵士の判断や行動を補完するために積極的に推奨され、国際法上の禁止・制限対象ではない[31]。CCW 枠内の議論は、あくまで致死性兵器による敵対行為に直結する自律性技術に限定される。

　第 3 に、「新興」技術から、現行（existing）兵器の遠隔操作兵器も半自律・監視型兵器（現在、対物破壊用のみ現存）も、CCW 内の規制対象に含まれない。これは、間接的に現行ロボット兵器の国際法上の合法性を暗示している。これらを表にすれば、【表 3】自律兵器システムの分類となる。現存しない兵器は、汎用型 AI 搭載の非戦闘用・対物破壊用・対人殺傷用の自律兵器、特化型 AI 搭載の対人殺傷用の自律兵器[32]、対人殺傷用の半

31）米国の教範では、「戦争法は、兵器システムにおける自律性の使用を禁止していない」。U.S. DoD, *Law of War Manual*, June 2015（Updated December 2016）, p. 353, par. 6.5.9.

32）疑惑兵器として、SGR-A1（韓）とサラートニク（露）が指摘される。

【表 3】自律兵器システムの分類 (網掛けの部分は、制式化された兵器は存在しない)

			AI の軍事利用（目的・用途）		
			非戦闘用 （輸送・偵察）	戦闘用	
				対物破壊用	対人殺傷用
自律度	完全自律型	汎用型 AI 搭載	合法か？	合法か？	違法か？
		特化型 AI 搭載	合法	合法 （ハーピー）	違法か？ （疑惑兵器として SGR-A1）
	半自律・監視型		合法	合法 （ファランクス）	合法か？
	遠隔操作型		合法	合法	合法 （プレデター）

自律・監視型自律兵器である。CCW 枠内での議論は、マンデートから、汎用型 AI 搭載の対人殺傷用と特化型 AI 搭載の対人殺傷用の自律兵器に限定される。

　本論考は、ロボット兵器の特徴とその区分、AI 開発競争、ロボット兵器に関する規制議論の経緯と規制対象の限定化を踏まえつつ、LAWS 規制の議論に関する現時点での到達点を明らかにし、今後の LAWS 規制の在り方を展望する。

II 兵器規制の国際法

1 議論の枠組みとしての CCW

　兵器規制に関する国際法は、国際人道法と軍縮国際法に大別される。LAWS 規制に関する議論の枠組みとしての CCW は、条約名が示すように、「過度に傷害を与え又は無差別に効果を及ぼすことがある」性質を有する特定の通常兵器の使用を禁止・制限するものであり、当該兵器の開発・保有・貯蔵などを禁止するものではない。CCW は、兵器の使用方法を規律する法体系を含む国際人道法に分類される[33]。換言すれば、それは、特定の通常兵器を量的に廃棄・削減・制限し、質的に開発・生産・実験・保有・貯蔵・移譲・受領・配備などを規制する軍縮国際法[34] には属さない。

　CCW 前文 9 項は、軍縮との関連性について、ある種の通常兵器の「使用の禁止又は制限の分野において達成される成果が、当該兵器の生産、貯蔵及び拡散の終止を目的とする軍備縮小についての主要な討議を容易にすることができる」と規定する。これは、特定の通常兵器の使用禁止・制限を規定した後に、次の措置として軍縮委員会（現在では、軍縮会議）で当該兵器を取り上げ審議することを期待している。そこには、兵器規制は国際人道法で議論した後に軍縮国際法で補完するという関連性が、念頭にあると思われる。

　CCW 枠内の議論は、締約国の票決でなく、コンセンサス方式による意思決定手続を採用している[35]。コンセンサス方式は、軍事大国の同意がなければ、条約が成立しない。それゆえ、CCW は、「望ましいことと可能なこととの間の妥協の産物を達成する努力の中で当時の状況における最

---

33) 岩本・前掲注25) 237頁。
34) 日本軍縮学会編『軍縮辞典』（信山社、2015年）153頁。
35) 岩本・前掲注25) 257頁。

大限実行可能な成果」[36) であったと評される。LAWS 規制問題は、この
ような CCW 枠内で議論される。

2　兵器規制の国際人道法原則と関連規則

　戦争は、敵国を自国の意思に屈服させること＝軍事的勝利を目的とす
る。その場合、軍事的勝利にとって必要不可欠なこと（軍事的必要性）以
上の不必要な殺傷や無益な破壊は意味がなく、人道的考慮から回避すべき
である。国際人道法は、軍事的必要性と人道的考慮の双方の要請を満たす
均衡の上に成立する。軍事的必要性を無視して、人道的考慮のみでは、国
際人道法の合意形成はできない。

　兵器規制に関する国際人道法は、兵器自体の兵器法（weapons Law）と
兵器の使用方法の標的化法（targeting Law）に区分される[37)。兵器法には、
戦闘員保護のための不必要な苦痛を与える兵器禁止原則（1977年のジュネー
ヴ諸条約第 1 追加議定書35条 2 項）、文民保護のための無差別的性質を有す
る兵器禁止原則（51条 4 項）および地球規模の利益のための環境破壊兵器
禁止原則（35条 3 項）がある。弾薬の発射架台である LAWS は、通常の弾
薬を使用する限り、不必要な苦痛を与える兵器や環境破壊兵器に該当しな
い[38)。他方、LAWS は、自律的に標的を選択し攻撃する特性から、標的
選択の精度が問題になる。当該兵器は、設計通り自律的に標的を精確に選
択し攻撃できるならば、無差別兵器に該当しない。標的の選択能力が低け
れば、兵器自体が無差別兵器に該当し、国際法上、違法兵器となる。

　国際人道法上、兵器自体が合法兵器であるとしても、その使用方法が合
法か否かは、標的化法による。標的化法には、区別原則（上記第 1 追加議
定書48条）、比例原則（51条 5 項(b)）および予防原則（57条 2 項(a)(i)および(ii)）
がある。区別原則により、戦闘員と文民（48条）、戦闘員でも戦闘可能な
戦闘員と捕虜・傷病兵・投降兵（41条 2 項）、文民でも敵対行為に直接参

---

36) 岩本・前掲注25）265頁、イタリア発言（UN. Doc. A/36/406, September 9, 1981,
　　Annex p.3.）
37) William H. Boothby, *Weapons and the Law of Armed Conflict 2nd Edition*, 2016, p. 3.
38) *Ibid.*, p. 253.

加する文民と一般の文民（51条3項）に区分される[39]。それぞれ区分され
たうちの前者への攻撃のみが許容され、他方、後者への攻撃は禁止され
る。

　比例原則により、常時変動する戦闘状況の中で、攻撃前に予期される具
体的かつ直接的な軍事的利益と付随的文民被害との比較において、文民被
害が過度になると予測される場合、国家は攻撃を控える。比例原則は、戦
闘後の戦闘員の被害者数と文民の被害者数の結果比較に基づく結果責任で
はなく、軍事的利益と付随的損害の事前予測により攻撃の違法性を判断す
る際の過失の有無に基づく過失責任を採用している。一般的に受容される
比例性の評価基準は、合理的な軍指揮官が特定の攻撃を発射したか否かで
ある[40]。

　予防原則により、攻撃時に、軍事目標の確認のための実行可能な措置、
同一次元の軍事的利益を得る複数の軍事目標から文民被害を最小限にする
軍事目標の選択および文民の付随的損害を最小限にするための兵器弾薬の
選択における実行可能な措置が要求される。

　兵器法や標的化法とは別に兵器規制の関連規則として、マルテンス条
項[41]（上記第1追加議定書1条2項）と新兵器の法的審査条項（36条）があ
る。前者により、国家は、具体的な国際人道法規則が存在しない場合（法
の欠缺）でも、確立された慣習、人道の諸原則および公共の良心に由来す
る国際法の諸原則に拘束される。本条項は、条約や慣習国際法の原則や規
則を解釈する際の指針としての役割は認められるが、人道の諸原則や公共
の良心から直接義務を引き出す独自の法源（条約や慣習法以外の第3の法源）
としての機能は認められない[42]。本条項は、1899年の条約作成当時、大

39）*Ibid.*, p. 255.

40）赤十字国際委員会（International Committee of the Red Cross, ICRC）の注釈によ
　れば、比例性の審査は主観的であって、「軍指揮官にとっての常識および誠実の問題」
　であるという。ICRC, *Commentary on the Additional Protocols of 8 June 1977 to
　the Geneva Conventions of 12 August 1949*, 1987, par. 2208.

41）1899年の第1回ハーグ平和会議でマルテンス露代表の提案により陸戦法規慣例条約
　前文に初めて挿入された条項。

42）江藤淳一「第1章第2節　マルテンス条項—百年の軌跡」村瀬信也＝真山全編『武
　力紛争の国際法』（東信堂、2004年）77-78頁。

国が推進する戦争法の法典化に対する中小国の不満を宥める役割を果たしたが、近年、対人地雷禁止条約前文が示すように、国際立法の重要な理念と化している[43]。

　後者の新兵器の法的審査条項により、国家は、新兵器を研究、開発、取得または採用する際に、その使用が国際法規則により一定の場合またはすべての場合に禁止されているか否かを決定する国際法上の義務がある。本条項は、各国家が国内手続に従い新兵器の合法性問題を注意深く審査するように義務付けた。

　他方、各国の法的評価は国際的に法的拘束力を持たず、事実認定の公表義務もない[44]。兵器の法的審査のための実証実験で兵器の性能や使用上のリスクを評価するための国際共通の実験手続や評価基準も存在しない。つまり、兵器の実証実験は、各国独自の実験手続と評価基準に従って行われる。その検査結果も公表されず、国際社会での情報共有もなく、どのような審査過程を経て法的判断が下されたのかは、透明性に欠ける。兵器に関する国内の法的審査手続は、不法な兵器をフィルターにかける手段というよりも、兵器の正当化手段として見なされる危険性も指摘される[45]。

3　LAWS の国際法論争

　従来の兵器使用の場合、兵士がある敵国人を認識し、区別原則に基づき攻撃可能な敵戦闘員であると判断した上で、複雑かつ流動的な戦場で比例原則と予防原則に従った兵器使用により当該人物を攻撃する。LAWS は、兵士が実行していた敵の識別と攻撃の判断を兵器自身が自律的に行う。LAWS は、兵器自体の部分と敵識別・攻撃判断の部分を兼ね備えていることから、兵器法と標的化法の双方の諸原則に基づき合法性の判断がなされる。

　では、LAWS は、区別原則に関連して人間の兵士と同等レベルの標的

43）江藤・前掲注42）60・78頁。

44）岩本誠吾「『新』兵器の使用規制—レーザー兵器を素材として」村瀬＝真山編・前掲注42）382-383頁。

45）CCW/CONF.V/2, 10 June 2016, par. 50.

識別能力や、比例原則による軍事的利益と付随的文民被害との比較予想において、合理的な軍指揮官と同等レベルの評価能力をプログラムすることが可能か否か。LAWS 禁止の賛成派と慎重派との間で激しい法的論争が行われている[46]。AI がどれほど発展しても、AI ロボット兵器は人間の判断能力を持つこと（汎用型 AI の実現）は不可能であるとの意見に対して、人間と比較して自律性の低い LAWS（特化型 AI 搭載）でも、海洋や砂漠のような複雑でない領域[47]や休戦地帯や国境地帯など特殊な環境でのLAWS 投入は、区別原則による作業を平易にするとの反論もある。人間特有の感情についても、LAWS は、生存本能、恐怖心、狼狽、遺恨、偏見、復讐心、怒りがない分、冷静で正確に状況判断するとの肯定的意見と、同情、憐憫、感情移入がない分、殺傷行為の心理的抑制が効かないとの否定的意見が対立する[48]。国際人道法が LAWS に適用されるとしても、その法的評価も実態的評価も収斂していない。

　LAWS の法的評価が定まらない最大原因は、現存しない未来兵器を想像的かつ事前に議論することにある。従来の兵器規制過程では、現行兵器による戦闘員や文民への深刻な人的被害が発生し、当該兵器自体かその使用方法が国際法に違反すると疑われ、その結果、当該兵器の法規制問題が現実的かつ事後に議論されてきた。LAWS による人的被害もなく、AI の発展予測も困難であり、その被害予測は水掛け論になる。CCW 内でのLAWS に関する共通認識の形成は難しく、LAWS の暫定的な作業用定義ですら、GGE 内[49] で、一般的な合意に至っていない[50]。

　LAWS の国際法論争の根底には、武力行使に人間の意思の介在が必要不可欠か否かという本質的な論点が潜んでいる。遠隔操作型兵器や半自律・監視型兵器が規制議論から除外されたのは、人間の意思が敵対行為に

46）HRW, *Making the Case: The Dangers of Killer Robots and the Need for a Preemptive Ban*, December 9, 2016, pp. 4-8.
47）CCW/CONF.V/2, par. 62.
48）HRW, *Losing Humanity*, pp.4 and 37-39.
49）CCW/GGE.1/2018/3, October 23, 2018, par.27.
50）フランスとドイツは、現在 LAWS の技術が存在していないので、包括的規制の可能性の議論は時期尚早であると主張する。CCW/GGE.1/2017/WP.4, 7 November 2017, par. 6.

介在し、標的化法の諸原則を満たすからである。人間の意思の介在に関連して、機械に人間の生死の決定を委ねることは受入れ可能か否かという倫理的課題が登場する。2016年の LAWS 非公式専門家会合は、共通の了解事項として、機械に人間の生死の決定を委ねることは受入れ不可能である[51]と指摘した。それは、兵器システムや武力行使に対する何らかの人間による制御が保持されなければならないことを意味する[52]。LAWS 法規制反対派の英国[53]も、「兵器の運用は、兵器使用に関する人間による監視、許可および説明責任の絶対的保証として、常に人間による制御下に置く」政策を採用している。

　次の段階として、LAWS の武力行使の意思決定過程で人間による制御・人間の意思の介在は最低限度どの程度まで必要なのか、如何なる形式や方法であれば、その存在が認められるのかという議論になる。GGE を含む CCW 内の2018年以降の議論は、LAWS の武力行使での人間と機械の相互作用（interaction）をどう評価するか[54]という論点に移行してきた。それについて 2 つの意見が対立している。LAWS の研究開発段階から戦場での当該兵器の起動までに人的関与があれば、それで十分であり、兵器起動後の人的関与は不要との見解がある[55]。他方で、自律兵器の起動後でも稼働中にその行動を監視し、介入の必要な場合にそれを停止・変更す

---

51) CCW/CONF. V/2, par. 56. その理由として、機械は死ぬことができないので、人の生死を決定すべきではないという。

52) ICRC, *Expert Meeting: Autonomous Weapon Systems: Implications of Increasing Autonomy in the Critical functions of Weapons,* 15-16 March 2016, p. 7. 人間による制御として、「有意義な人間による制御（meaningful human control）」が頻繁に使用されるが、合意された表現ではない。

53) 英国 NGO 共同書簡に対する英国回答書（2017年 1 月 6 日付）、Elizabeth Minor, "UK government: Definning 'human control' essential at killer robots talks in 2017," 12.01.17, Article 36, https://article36.org/updates/uk-govt-response-2017/（accessed at January 27, 2021). ロシアも、人間による制御が LAWS の重要な制約要件であると認めつつも、人間による制御に関する形式・方法は各国の自由裁量によると発言する。CCW/GGE.1/2019/WP.1, 15 March 2019, par. 7.

54) CCW/GGE.1/2017/3, 22 December, 2017, par. 16（g）.

55) イスラエルの立場、HRW, *Killer Robots and the Concept of Meaningful Human Control: Memorandum to Convention on Conventional Weapons (CCW) Delegates,* April 2016, p. 10.

る人的関与が必要との見解がある[56]。後者は、対物破壊用で防御的な現存の半自律・監視型兵器と同等レベルの人的関与を LAWS の成立条件とし、完全自律型兵器を許容しない。この点も、CCW 枠内での議論において未解決である。

4　LAWS に関する非法的論争

前述の「人は機械に人の生死の決定権を委ねてはならない」という倫理的命題は、CCW 内での議論の当初から頻繁に主張されてきた[57]。ICRC[58] によれば、本命題は、人間の尊厳に関わる倫理問題である。その中核的議論は、人が殺傷されるか否か（if）ではなく、どのように（how）殺傷されるかである。合法的な標的でも、標的とされた者（標的の戦闘員や巻き添えに遭う文民）の尊厳が害されるか否かである。合法的な標的への殺傷行為は国際法（標的化法）上合法であるとしても、他方で、標的の殺害方法が問題であり、機械だけの判断による殺傷行為は倫理上許されない[59]。従来の兵器規制の議論は、兵器の効果（effects）に焦点を当てたものであるが、自律兵器の議論は、過程と結果（process and results）に焦点を当てた倫理的な関心事項が追加されているという[60]。この見方を推し進めれば、人間の尊厳性＝マルテンス条項により、敵戦闘員への肉体的・物理的苦痛の効果に依拠する不必要な苦痛を与える兵器禁止原則が、精神的苦痛を与える過程にまで及ぶ発展的可能性がある。倫理的考慮が法規則

56）ICRC の立場、Views of ICRC on autonomous weapon system, 11 April 2016, p. 3, https://www.icrc.org/en/document/views-icrc-autonomous-weapon-system（accessed at March 20, 2020）.

57）*Report of the 2014 informal Meeting of Experts on Lethal Autonomous Weapons Systems (LAWS)*, CCW/MSP/2014/3, 11 June 2014, pars. 23-24.

58）ICRC, *Ethics and autonomous weapon systems: An ethical basis for human control?*, CCW/GGE.1/2018/WP. 5, 29 March 2018, par. 27.

59）LAWS は、国際人道法上使用可能であるとしても、人道性原則や公共の良心＝マルテンス条項から倫理問題が残るという。ICRC, *Expert Meeting: Autonomous Weapon Systems Technical, Military, Legal and Humanitarian Aspects*, 26-28 March 2014, pp. 23-24.

60）CCW/GGE.1/2018/WP. 5, par. 28.

に発展した場合、LAWS は、標的化法で合法でも、最終的に、兵器法で違法となる。LAWS への人間による制御は、人間の尊厳性を守るためにも推奨される。

　軍事的観点から、LAWS は、軍指揮官にとり信頼性が高く、使いやすい兵器か否かという実務的問題がある。軍指揮官は、兵士の行動や使用兵器の性能・効果を把握し予測した上で、戦略・戦術を立案し、その指揮統制下で戦闘活動を遂行する。軍指揮官が忌避する事態は、兵士や兵器が予期せぬ行動により想定外の結果を惹起することである。たとえば、意図せざる友軍誤射、武力紛争の開始・展開・拡大、国際法違反である。AI 搭載 LAWS は、機械学習用入力データの質的・量的制限によるバイアス（偏向）問題があり、開発者の想定外の方法による機械学習のリスクが常に伴う[61]。完全自律兵器は、信頼性に難があり、使いにくい兵器とも言える。LAWS を人間による制御下に置くことは、軍指揮官が使いにくい兵器を使いやすい兵器に変換することでもある。

61）Ibid., pars. 47-52.

Ⅲ　CCW 枠内での到達点
——2019年の GGE 報告書

1　指針原則の採択

　GGE は、2019年３月と８月の合計７日間の会合を持ち、GGE 報告書[62)]
をコンセンサスで採択した。同報告書を付託された11月の CCW 締約国会
議は、GGE 策定の LAWS に関する指針原則（guiding principles）を是認し
た[63)]。以下で、現時点における LAWS の法規制議論の到達点を確認する。
2019年に GGE が策定した LAWS に関する11の指針原則(a)〜(k)[64)] は、次
の通りである。

(a)　国際人道法は、LAWS の潜在的な開発および使用を含めて、全兵
　　器システムに引き続き完全に適用される。

(b)　説明責任（accountability）を機械に転嫁できないので、兵器システ
　　ムの使用上の決定に関する人間の責任（human responsibility）が、維
　　持されなければならない。これは、兵器システムの全ライフサイクル
　　にわたり考慮されるべきである。

(c)　人間と機械の相互作用は、様々な形態を採り、兵器のライフサイク
　　ルの様々な段階で実施されるが、LAWS 分野での新興技術に基づく
　　兵器システムの将来あり得る使用が適用可能な国際法、特に国際人道

---

62)　*Report of the 2019 session of the Group of Govermental Experts on Emerging
　　Technologies in the Area of Lethal Autonomous Weapons systems*, CCW/
　　GGE.1/2019/3, 25 September 2019.

63)　CCW/MSP/2019/9, 13 December 2019, *Final Report*, par. 31 and Annex III.

64)　CCW/GGE.1/2019/3, Annex IV. 2018年の GGE 報告書（CCW/GGE.1/2018/3, par.
　　21）は、可能性のある指針原則（Possible Guiding Principles）として10原則(a)〜(j)
　　を列挙した。2019年版は、Possible を削除し、米国の提案により(c)を追加挿入し、11
　　原則を採択した。(c)以外の10原則は2018年版と同一である。

法と両立するよう確保するべきである。人間と機械の相互作用の質および範囲の決定では、全体としての兵器システムの運用上の文脈、性質および能力を含めて、一連の要素が考慮されるべきである。

(d)　CCW の枠組み内で新興兵器システムの開発、配備および使用の説明責任は、責任ある人間の指揮・統制系統内での当該システムの運用中を含めて、適用可能な国際法に従って確保されなければならない。

(e)　国際法上の国家の義務に従って、新たな兵器、戦闘の手段または方法の研究、開発、取得、もしくは採用において、その使用が国際法により一定の場合またはすべての場合に禁止されているか否かの決定がなされなければならない。

(f)　LAWS 分野での新興技術に基づく新兵器システムを開発しまたは取得する際に、物理的な安全性、適切な非物理的な安全装置（ハッキングまたはデータのスプーフィングに対するサイバーセキュリティを含む）、テロ集団による取得リスクや拡散リスクが考慮されるべきである。

(g)　リスク評価と軽減措置が、いかなる兵器システムにおいても新興技術の設計、開発、実験および配備のサイクルの一部となるべきである。

(h)　国際人道法その他の適用可能な国際法上の義務の遵守を維持するために、LAWS 分野での新興技術を活用することが考慮されるべきである。

(i)　将来あり得る政策措置を策定する上で、LAWS 分野での新興技術を擬人化（anthropomorphized）すべきではない。

(j)　CCW の文脈内で行われる議論や将来あり得る政策措置は、知能自律技術の平和利用における発展またはそれへのアクセスを阻害すべきではない。

(k)　CCW は、軍事的必要性と人道的考慮の間の均衡を取ろうとする当該条約の趣旨および目的の文脈の中で LAWS 分野での新興技術の問題を取り扱うための適切な枠組みを提供している。

上記の11原則に関して、(a)は、以前より GGE 内で合意されたように[65]、国際人道法が LAWS を含む全兵器システムに適用されることを再確認している。国際人道法に従えば、(b)が明確化したように、自律兵器と

いえども、機械は国際人道法上の義務を履行しその行動の責任を負う法主体ではない。国際人道法の義務を履行するのは、あくまで人間であり、国際法上の責任を負うのは国家、軍事組織および兵士個人である。人間個人が国際法上の義務や責任を負うのは、兵器のライフサイクルすべての段階においてである。兵器のライフサイクルとは、2018年の GGE 議長作成のスライド[66] によれば、開発前の政治的方向付けの第 0 段階、研究開発の第 1 段階、実験・評価・認可の第 2 段階、配備・訓練・指揮統制の第 3 段階、使用・中止の第 4 段階および使用後評価の第 5 段階である。(c) のように、人間は、国際人道法を遵守するために、各段階で兵器に対して何らかの作用を及ぼす相互作用関係を保持する必要がある。

　(d)は、(b)の国際責任に関連して、個人が負う国際法上の義務や責任は、兵器システムの開発、配備、使用における研究開発部門のプログラマーや戦場の担当兵士だけではなく、指揮命令系統に繋がる組織や部隊での上司・上官・指揮官にも追及されることを示している。(e)は、1977年のジュネーヴ諸条約第 1 追加議定書36条を再録したものであり、国家は国内レベルで新兵器の法的審査を実施する国際法上の義務があることを確認している。(f)が指摘する考慮すべきリスク以外に、軍拡競争による地域的・国際的な安全保障上のジレンマの悪化、武力行使に対する閾値（いきち）の低下も指摘される[67]。(g)の具体的なリスク軽減措置として、兵器システムの厳格な実験・評価、法的審査、理解容易な人間と機械の間のインターフェイス・制御、要員訓練、教義や手続の策定、適切な交戦規則による兵器使用の制限がある[68]。(h)は、LAWS 分野での新興技術の中でも、国際人道法の遵守を促進する積極的側面を有する技術が存在することを認識しており、その活用を期待している。

　(i)に関して、機械の自律性を議論する場合に擬人化した用語（機械の意思決定、機械学習など）の使用は、複雑な技術的過程を説明するのに有益であるが、他方、人間の資質が機械の中で文字通りに再生産可能という広

---

65) CCW/GGE.1/2017/3, par. 16 (b).

66) CCW/GGE.1/2018/3, Annex III, pp. 13-15.

67) CCW/GGE.1/2019/3, par. 25 (a).

68) CCW/GGE.1/2019/3, par. 23 (b).

範な確信や、人間と非人間的システムが程度問題でしか異ならないという
潜在的信念を暗示すると批判される[69]。人間と機械の類推方法ではなく、
機械よりも人間の視点から自律兵器システムを倫理的に議論することで、
人間の特殊性や複雑性が認識できるという。

　(j)に関して、AI は、本質的に軍民両用であり、民生用の AI 研究・開
発・使用が阻害されてはならないことは以前より GGE 内で承認されてき
た[70]。最後の(k)において、LAWS 問題は、軍縮国際法ではなく、軍事的
必要性と人道的考慮の均衡の上に成立する国際人道法の CCW 枠内で今後
も議論されることが確認された。

2　議論の方向性に関する選択肢

　2019年の GGE 報告書は、「規範的および運用上の枠組み」[71] の考察と
いう曖昧な議論の方向性しか勧告しなかったが、LAWS 問題の対処方法
として、以下の 4 つの政策的選択肢[72] が議論された。第 1 は、禁止、規
制、積極的義務またはそれらの組合せを含む法的拘束力のある文書の交渉
を要請する選択肢（法規制積極派）である。その中には、自律兵器の開発・
使用の暫定的モラトリアムを要請する立場も含まれる。第 2 は、指針原則

69）UNODA Occasional Papers No. 30, November 2017, *Perspectives on Lethal Auton-
omous Weapon Systems*, pp. 52-54. 人間は、元来、人間以外のものに人間的性格を与
え擬人化する傾向がある。P.W. Singer, *Wired for War*, p. 340、P.W. シンガー『ロ
ボット兵士の戦争』492頁。人間は機械を擬人化して、道徳の代理権を授ける傾向も
ある。Paul Scharre, *Army of None*, 2018, p. 278、ポール・シャーレ『無人の兵団』
373頁。

70）CCW/GGE.1/2017/3, par. 16（d）.

71）CCW/GGE.1/2019/3, par. 26.

72）*Addendum: Chair's summary of the discussion of the 2019 Group of Governmen-
tal Experts on emerging technologies in the area of lethal autonomous weapons sys-
tems*, CCW/GGE.1/2019/3/Add. 1, 8 November 2019, pars. 26-29. なお、この議長要
約は、議長の責任において締約国と協議して準備されたものであり、GGE は本文書
が合意されたものでなく、如何なる地位も有しないとする。CCW/GGE.1/2019/3,
par. 15. 4つの選択肢は、2018年の GGE 報告書に既に同じ内容で言及されていた。
CCW/GGE.1/2018/3, par.28.

【表 4】LAWS 規制に対する各国の態様

法規制（条約交渉）積極派36か国		法規制（条約交渉）消極派16か国		
条約禁止要請（30）	条約交渉要請（6）	政治宣言派（3）	現行規則改良派（4）	法規制不要派（9）
＊中国、アフリカ諸国、非同盟運動諸国、オーストリアなど	カザフスタン、フィリピン、シエラレオーネ、南ア、スリランカ、ザンビアなど	フランス、ドイツ、日本	ベルギー、アイルランド、ルクセンブルグ、オーストラリア	＊米国、＊英国、＊ロシア、＊韓国、＊イスラエル、トルコ、スペイン、スウェーデン、オランダ

＊印の 6 か国は AI 兵器研究開発国。中国は開発・生産の禁止ではなく使用の禁止を要請。法規制消極派の中でも、フランスとドイツは政治宣言を要請。日本は仏独提案の支持を示唆。なお、この表は NGO の Campaign to Stop Killer Robots (CSKR) の資料および2019年の GGE での各国の発言を基に著者が作成した。*Cf. CSKR, Country Views on Killer Robots*, 11 March 2020.

に基づき、非拘束的な行動準則に至る非拘束的な約束を含む政治宣言の交渉を要請する選択肢（政治宣言派）である。2019年には、行動準則に類似した選択肢として、適用可能な現行国際法の編集から構成され、国家にとって関連のベスト・プラクティスを確認する法的拘束力のない技術的成果集[73]を交渉する新たな選択肢も指摘された。第 3 は、兵器の法的審査の実施改善やベスト・プラクティスの情報共有または CCW での年次再検討メカニズムを要請する選択肢（現行規則改良派）である。第 4 は、国際人道法は、完全に適用可能であり、LAWS の将来起こり得る諸問題を処理するのに十分であり、更なる法的措置は不要であるとの選択肢（法規制不要派）である。

　上記の 4 つの選択肢を巡る論争は、非公式専門家会合 3 回と GGE 3 回の審議を経てもなお収束せず、【表 4】LAWS 規制に対する各国の態様が

73）たとえば、民間軍事安全会社に関する2008年のモントルー文書、ICRC, *The Montreux Document: On pertinent international legal obligations and good practices for States related to operations of private military and security companies during armed conflict*, 2008. モントルー文書は、2008年 9 月17日に17か国のコンセンサスで作成された、法的拘束力のない政府間文書である。採択後に賛同国が増加し、2020年10月 1 日現在、57か国と 3 国際機構（欧州連合 EU、欧州安全保障協力機構 OSCE、北大西洋条約機構 NATO）が当該文書を支持している。Switzerland's Federal Department of Foreign Affairs, *Participating States of the Montreux Document*, https://www.eda.admin.ch/eda/en/home/foreign-policy/international-law/international-humanitarian-law/private-military-security-companies/participating-states.html（accessed at 1 October 2020）.

示すように、コンセンサスに至っていない[74]。第 1 の法規制積極派は、アフリカ諸国[75]や非同盟運動諸国[76]を含む36か国に及ぶ。欧州では、ローマ法王庁以外、オーストリア[77]だけである。法規制積極派は、LAWS の出現前に、LAWS 出現の事後・後追いでなく、帰還不能点までに規制する先制的アプローチを主張する。兵器の条約規制には、兵器の使用制限や使用禁止（国際人道法）から兵器の開発・生産・保有禁止（軍縮国際法）まで広範な形態が存在する。法規制積極派の中の LAWS 禁止要請派30か国は、当該兵器の使用禁止だけでなく、その開発・生産も含む包括的禁止を要請しているように思われる。しかし、これは、前述の指針原則(k)に規定された国際人道法の範囲を逸脱する。

　第 2 ・第 3 ・第 4 の立場は、LAWS の法規制に賛同しない法規制消極派に属する。第 2 の政治宣言派は、GGE 内で LAWS の共通認識が欠如し、法文書の作成が時期尚早であるとの現状認識に基づき、フランスとドイツが2017年に法規制代替案として共同提案した選択肢[78]に由来する。ドイツは、法的拘束力はないが、政治的拘束力のある政治宣言により GGE で合意された指針原則（人間の責任、人間の説明責任、責任ある人間の指揮命令系統など）を運用できるようにすべきであるという[79]。次の段階として、その政治宣言を基に、行動準則や軍事ベストプラクティス集を策定すべきであると指摘する。日本[80]は、仏独共同提案と同様に、法文書の作成が困難であるとの現状認識を共有し、仏・独に協力する用意があると述べ

---

74)　参照、前掲注18）岩本誠吾「AI ロボット兵器と国際法規制の方向性」877-879頁、同「AI 兵器をどう規制するか」『世界』（岩波書店）2019年10月号111-112頁。

75)　GGE でベニンが配布したアフリカ・グループの声明（2018年 8 月27日）、https://reachingcriticalwill.org/disarmament-fora/ccw/2018/laws/statements（accessed at 20 February 2020）.

76)　非同盟運動諸国を代表してのベネズエラの作業文書、CCW/GGE.1/2018/WP.1, 28 March 2018, par. 4（g）.

77)　オーストリア・ブラジル・チリの 3 か国共同提案、CCW/GGE.2/2018/WP.7.

78)　CCW/GGE.1/2017/WP.4.

79)　Agenda item 5（e）に関するドイツ発言（2019年 3 月27日）、https://www.unog.ch/__80256ee600585943.nsf/(httpPages)/5535b644c2ae8f28c1258433002bbf14?OpenDocument&ExpandSection=7#_Section7（accessed at February 20, 2020）.

80)　CCW/GGE.1/2019/WP.3, 22 March 2019, pars. 26 and 28.

た。英国[81] も、仏独共同提案の長所の可能性を認めている。

　第 3 の現行規則改良派のオーストラリア[82] は、上記第 1 追加議定書36条に規定された兵器の法的審査手続の精緻化が LAWS の開発に対する制御措置の一形態とみなす。ベルギー・アイルランド・ルクセンブルグ[83] は、新兵器の法的審査の普遍化が LAWS 問題の対処に重要な一歩と考える。ロシア[84] は、同条項が LAWS 規制の補完的ツールであることを認めつつも、特に LAWS のために法的審査の普遍的強制的メカニズムを作成する必要はなく、同議定書の普遍化の方が重要であると主張する。

　第 4 の法規制不要派のイスラエル[85] は、法文書による先制的禁止要請は事柄の複雑さに合致せず、逆効果となるので、慎重でかつ漸進的アプローチが必要であるという。英国[86] は、LAWS の先制的禁止に明確に反対し、LAWS を制御し規律するのに現行国際法で充分であると主張する。ロシア[87] は、LAWS の方が人間の誤作動、心理的状態、宗教的立場に関連した兵器使用の負の結果を減少させるとの軍事的利点を強調する。

81）Agenda item 5 (e)に関する英国発言（2019年 3 月25-29日）、https://unog.ch/80256EDD006B8954/(httpAssets)/40C2167E8F162030C12583D3003F4B94/$file/20190318-5(e)_Policy_Statement.pdf (accessed at March 21, 2020).

82）CCW/GGE.1/2018/WP.6, 30 August 2018, par. 2.

83）CCW/GGE.1/2019/WP.4, 28 March 2019, par. 6.

84）CCW/GGE.1/2019/WP.1, par.8.

85）Agenda item 5 (e) に関するイスラエル発言（2019年 3 月27日）、https://www.unog.ch/__80256ee600585943.nsf/(httpPages)/5535b644c2ae8f28c1258433002bbf14?OpenDocument&ExpandSection=7#_Section7 (accessed at 21 February 2020).

86）前掲注53）英国 NGO 共同書簡に対する英国回答書。オランダも同じ見解を表明した（2019年 4 月27日）。https://www.unog.ch/__80256ee600585943.nsf/(httpPages)/5535b644c2ae8f28c1258433002bbf14?OpenDocument&ExpandSection=7#_Section7（accessed at 21 February 2020).

87）CCW/GGE.1/2019/WP.1, par 2.

Ⅳ　CCW 枠外での倫理的議論の動向

1　AI 研究者・学会・AI 企業の動向

　社会運動団体としての NGO と別に、AI 研究と軍事利用（科学と戦争）問題に直面した AI 研究者・学会・AI 企業は、職業倫理上の原則・指針を作成し公表している。

　2010年に英国工学物理科学研究会議（Engineering and Physical Sciences Research Council, EPSRC）は、ロボット原則として「1. ロボットは、専らまたは主として人を殺傷するために設計されてはならない」[88] と規定する。2015年に国際人工知能学会（International Joint Conference on Artificial Intelligence, IJCAI）の学会初日に公表された「自律兵器：AI・ロボット研究者からの公開書簡」は、「軍用 AI の軍備競争を開始することは間違った考えであり、有意義な人間による制御を超える攻撃的自律兵器の禁止によって防止すべきである」[89] と主張する。2016年に米国電気電子学会（Institute of Electrical and Electronics Engineers, IEEE）は、「技術組織が、兵器システムの有意義な人間による制御が社会にとって有益であることを受容する」[90] ように勧告する。2017年に AI 研究者だけでなく、広く、経済・法学・倫理・哲学の専門家たちが公表した「アシロマの原則」は、「18. 致死性自律兵器における軍拡競争は回避されるべき」と述べる。2018年に AI 企業のグーグル社は、自社の AI 利用の倫理ガイドラインを策定し、「兵器または主たる目的もしくは実施が人に危害を加えもしくは人への危害を直接的に助長する他の技術」には AI を適用しないと明記した[91]。

　AI 関連の研究者・学会・企業による職業倫理規範の作成は、国家や NGO

---

88)　原則 1 は、5 つあるロボット諸原則のうちの倫理規則の 1 つとして規定された。同原則は、「ただし、国家の安全保障の利益の場合は除く」と追記された。EPSRC, *Principles of robotics*, https://epsrc.ukri.org/research/ourportfolio/themes/engineering/activities/principlesofrobotics/（accessed at January 7, 2020).

とは異なる技術的専門家集団の意見表明として留意すべき動きである。

2　諸国家・国際機関の動向

　AI は、軍事利用に限らず広く民生利用のために研究開発されてきた。AI への不安を払拭し、AI を積極的に社会に取り込むために、社会との関係性という巨視的視点から、特に2019年に、包括的な AI 議論が国内外で活発に行われた。まず、3 月に、日本は「人間中心の AI 社会原則」[92]を策定した。基本理念として、人間の尊厳が尊重される社会が謳われ、AI 社会原則の 1 つに人間中心の原則が規定された。4 月に、EU 欧州委員会は「信頼できる AI のための倫理指針」[93] を公表した。そこには、人間中心（human centric）アプローチにより信頼できる AI を実現するた

89）Future of Life Institute, *Autonomous Weapons: An Open Letter from AI & Robotics Researchers*, https://futureoflife.org/open-letter-autonomous-weapons/（accessed at February 11, 2020）. 2020年 2 月11日現在、4,502人の AI・ロボット研究者と26,215人の賛同者が署名した。2018年には、AI 研究者たちは「人の生死を奪う決定は決して機械に委ねてはならない」ことに合意し、「致死性自律兵器の開発、製造、貿易または使用に参加も支援もしない」と誓う書簡を発表し、研究者や企業等にこの書簡の署名に参加するよう呼び掛けている。Future of Life Institute, *Lethal Autonomous Weapons Pledge*, https://futureoflife.org/lethal-autonomous-weapons-pledge/（accessed at February 11, 2020）. 2020年 2 月11日現在、247の企業と3,253人の個人が署名した。日本の人工知能学会は、2017年に、人工知能学会会員は「他者に危害を加えるような意図をもって人工知能を使用しない」との倫理指針を規定した。人工知能学会倫理委員会「『人工知能学会　倫理指針』について」（2017年 2 月28日）、http://ai-elsi.org/archives/471（2020年 2 月11日閲覧）。

90）IEEE, *Ethically Aligned Design: Version 1- For Public Discussion*, 13 December 2016, p. 68. *Ibid., Version 2- For Public Discussion*, 12 December 2017, p. 113.

91）Sundar Pichai, *AI at Google: Our Principles*, June 7, 2018, https://www.blog.google/technology/ai/ai-principles/（accessed at February 11, 2020）. グーグル社は、兵器利用に AI を開発しないが、サイバーセキュリティ、訓練、軍の徴募、退役軍人の健康管理や捜索救助などの政府や軍との業務を引き続き実施すると述べている。

92）内閣官房「人間中心の AI 社会原則会議」、https://www.cas.go.jp/jp/seisaku/jinkouchinou/（2020年 2 月11日閲覧）。

93）Independent High-Level Expert Group on Artificial Intelligence set up by the European Commission, *Ethics Guidelines for Trustworthy AI*, 8 April 2019, pp. 15-16.

めの7つの要件の1つに、人間の作用と監視が列挙された。AIシステム
は人間の自律や意思決定を支援すべきであって、主体はあくまで人間であ
る。AIは補完的な役割に徹し、人間の監視の下で取り扱われるべきと指
摘する。5月に、カナダとフランスが、AIについて議論する国際会議体
である「AI国際パネル（International Panel on Artificial Intelligence, IPAI）」
の設立を宣言した。そこには、「人権に基づく、AIに対する人間中心的で
倫理的なアプローチを推進し保護する」ことが明記された[94]。同じ5月
に、経済協力開発機構（OECD）加盟36か国と非加盟6か国の計42か国が、
「人工知能に関する理事会勧告」（AI勧告）[95]により「信頼できるAIの
責任ある運営原則」（OECD原則）を採択した。当該原則の1つに、人間
中心の価値観と公平性が提示された。それは、具体的には、AIアクター
が人間による最終的な意思決定の余地を残しておくことなど、状況に適し
た形でかつ技術の水準を踏まえたメカニズムとセーフガード（安全装置）
を実装すべきであると明記した。

　同年6月に日本で開催されたG20[96]の「G20貿易・デジタル経済大臣
会合閣僚声明」は、OECD原則を引用し、人間中心の価値観と公平性を
G20 AI原則として再録した。「G20大阪首脳宣言」でも、G20がAIへの人
間中心のアプローチにコミットし、OECDのAI勧告から引用された拘束
力を有さないG20 AI原則を歓迎した。8月のG7の「開かれた自由で安
全なデジタル化による変革のためのビアリッツ戦略」[97]も、OECDのAI
勧告に従ってAIを進展させるG7の活動をOECDが支援するとの意図を

94）"Canada, France governments announce Declaration of the International Panel on AI," May 16, 2019, https://betakit.com/canada-france-governments-announce-declaration-of-the-international-panel-on-ai/（accessed at February 7, 2020）.
95）OECD/LEGAL/0449, Recommendation of the Council on Artificial Intelligence, May 22, 2019, https://legalinstruments.oecd.org/en/instruments/OECD-LEGAL-0449（accessed at February 11, 2020）. OECDの勧告は法的な拘束力はないが、実行上、遵守国の政治的な意思表明として大きな道義的力が付与されている。2020年3月31日現在、OECD加盟国37か国および非加盟国8か国が遵守国となっている。
96）G20大阪サミット公式サイト参照、https://www.mofa.go.jp/mofaj/gaiko/g20/osaka19/jp/（2020年2月11日閲覧）。
97）外務省ホームページ「G7ビアリッツ・サミット（結果）」、https://www.mofa.go.jp/mofaj/ecm/ec/page4_005205.html（2020年2月12日閲覧）。

歓迎した。

　以上、人間中心アプローチや信頼できる AI という AI 倫理原則の共通化が国内外で進み、また、カナダ・フランスの設立した IPAI のような国際的な AI ガバナンスの枠組みを構築する動きがみられた。

3　ユネスコによる AI 倫理基準の策定動向

　国連教育科学文化機関（UNESCO）は、人間中心の AI の発展に関する対話を奨励するために、2019年 3 月にパリ本部で「AI の諸原則：人道的アプローチに向けて？」と題するハイレベル会議を開催した。当該会議で、AI の人間中心的なガバナンス（human-centred governance of AI）を確保する必要性についての明白なコンセンサスが見られた[98]。Audrey Azoulay 事務局長は、ユネスコが AI 活用に伴う倫理や原則の在り方に関する議論を牽引する意欲を示すとともに、科学的知識と技術の倫理に関する世界委員会（COMEST[99]）の作成する報告書を基に AI 倫理の議論を推進すると表明した。

　実際、倫理と AI に関する COMEST 拡大作業部会が、この領域での基準設定文書を勧告するための AI 倫理に関する予備的研究を完了していた。この「AI 倫理に関する予備的研究」[100] は、同年 4 月のユネスコ執行委員会第206会期に提出された。同委員会は、当該事項を臨時議題42「AI 倫理の基準設定文書の望ましさに関する技術的・法的側面の予備的研究」として取り上げ議論した[101]。そして、AI 技術が人間の尊厳と権利を尊重するように明確な倫理的基準をもって開発されることを確保することが重要

98）*Participants at Global UNESCO Conference on Artificial Intelligence urge rights – based governance of AI*, 06 March 2019, https://en.unesco.org/news/participants-global-unesco-conference-artificial-intelligence-urge-rights-based-governance-ai（accessed at 05 January 2020）.

99）World Commission on the Ethics of Scientific Knowledge and Technology の略。本委員会はユネスコが1998年に設立した諮問機関であり、個人資格・ 4 年任期で任命された18名から構成される。

100）SHS/COMEST/EXTWG-ETHICS-AI/2019/1, 26 February 2019, *Preliminary Study on the Ethics of Artificial Intelligence*.

であると強調し、AI でのすべての応用や革新に関する国際的に受容された倫理的枠組みが存在していないことを指摘し、ユネスコが勧告形式で AI 倫理に関する規範文書の作成に従事することは時宜にかなうと結論付けた[102]。同委員会は、本議題をユネスコ総会の第40会期での議題に含めることを決定し、「第40会期の総会が、第41会期での審議のために、勧告形式で AI 倫理の新しい基準設定文書の草案を付託するよう事務局長に要請する」ことを勧告した[103]。

　ユネスコ総会は、2019年11月の第40会期の議題として、臨時議題5.24「AI 倫理の可能な基準設定文書に関する予備的研究」[104] を取り上げ議論した。その結果、総会は、ユネスコが AI 倫理に関する初めての規範文書を作成することを全会一致で決定した。2020年 3 月と 8 月に AI 倫理勧告起草の臨時専門家部会が開催された。と同時に、各国の見解も収集された。今後の予定としては、2021年に事務局が当該草案テキストを含む最終報告書を作成し、政府間専門家特別委員会が草案を最終決定するために招集される。そして、2021年 8 月の第41回総会が AI 倫理の基準設定文書を審議し、可能な場合には、採択するという工程表となっている。

4　中・米・露の AI 倫理規範に対する政治姿勢

　中国では、2019年 5 月に中国科学技術部と北京市政府が支援する北京智源人工知能研究院[105] が「北京 AI 原則」を、6 月に国家次世代 AI ガバナンス専門委員会が「次世代 AI ガバナンス原則：責任ある AI の発

101）206 EX/42, 21 March 2019, Item 42 of the provisional agenda, *Preliminary Study on the Technical and Legal Aspects Relating to the Desirability of a Standard-Setting Instrument on the Ethics of Artificial Intelligence.*

102）40 C/67, 30 July 2019, Item 5.24 of the provisional agenda, *Preliminary Study on a Possible Standard-Setting Instrument on the Ethics of Artificial Intelligence*, par. 3.

103）"42 Preliminary Study on a Possible Standard-Setting Instrument on the Ethics of Artificial Intelligence," 206 EX/Decisions, 17 May 2019, *Decisions Adopted by the Executive Board at its 206th Session*, p. 61.

104）40 C/67, 30 July 2019, Item 5.24 of the provisional agenda, *Preliminary Study on a Possible Standard-Setting Instrument on the Ethics of Artificial Intelligence.*

展」106) を発表した。後者は、調和と友好、公平と正義、包摂と共有、プライバシーの尊重、安全で制御可能、共同責任、公開の協力、速やかなガバナンスの8原則を明記した。特に、安全で制御可能について、AI システムは、透明性、説明責任、信頼性および制御可能性を引き続き改善し、監査可能性、監督可能性、追跡可能性や信用度を漸進的に達成すべきと規定した。これらの原則は、OECD 原則に共通する。

　米国では、2019年10月に独立の連邦諮問機関である防衛革新委員会が、国防総省の依頼により「AI 原則：国防総省による AI の倫理的使用に関する勧告」107) を採択した。それは、国防総省が AI の倫理指針の作成において先導的役割を果たすという「2018年国防総省 AI 戦略概要」108) の戦略的アプローチに合致するものであり、「事件が発生する前の今こそ、軍事的文脈での AI の開発とその使用に関する規範について真剣な議論をする時である」109) という認識から作成された。

　具体的な AI 原則は、①責任：人間は、国防総省の AI システムの開発、配備、使用、結果に対して適切なレベルでの判断（appropriate levels of judgement）110) を行使し、その結果に対して責任を負う。②衡平：国防総省は、戦闘または非戦闘での AI システムの開発と配備において怠慢で人に害を及ぼすことになる意図せざるバイアスを回避する慎重な措置をと

---

105) Beijing Academy of Artificial Intelligence（BAAI）, *Beijing AI Principles*, https://www.baai.ac.cn/news/beijing-ai-principles-en.html（accessed at March 24, 2020）.

106) *Governance Principles for the New Generation of Artificial Intelligence: Developing Responsible Artificial Intelligence*, https://www.chinadaily.com.cn/a/201906/17/WS5d07486ba3103dbf14328ab7.html（accessed at March 24, 2020）.

107) Defense Innovation Board, *AI Principles: Recommendations on the Ethical Use of Artificial Intelligence by the Department of Defense*, October 31, 2019.

108) U.S. DoD, *Summary of the 2018 Department of Defense Artificial Intelligence Strategy*, p. 8.

109) *AI Principles*, p. 2.

110) この文言は、2012年公布の米国防総省指令3000.09「兵器システムにおける自律性」の「適切なレベルでの人間の判断（appropriate levels of human judgement）」に合わせている。U.S. DoD, Directive 3000.09, *Autonomy in Weapon Systems*, November 21, 2012.

る。③追跡可能：国防総省のAI工学教義は十分先進的であり、技術専門家が、透明で検査可能な方法論、データ源および企画手続や典拠資料を含め、AIシステムの技術、開発過程および運用方法を適切に理解できるものとする。④信頼：国防総省のAIシステムは、使用について明確で十分定義された領域を持ち、当該システムの安全性、防護性および頑強性が、その使用範囲内ですべてのライフサイクルを通じて実験され、保証される。⑤制御可能：国防総省のAIシステムは、意図せざる危害または崩壊を探知し回避する能力を保持しつつ自らの意図した機能を履行するため、そして、意図せざる規模の拡大その他の行動を表示する配備済みシステムが、人間によるかまたは自動的にか、解除もしくは不活性化するように設計・工作される。

　①はAIシステムの開発、配備、使用、結果に人間の適切な判断の必要性を指摘し、②はデータのバイアス問題への注意を喚起し、そして、③は説明可能なAI（Explainable AI, EAI）システムを要求する。④はAIシステムがその使用領域に限定される保証を使用条件とし、⑤はAIシステムが必要に応じて人間によりまたは自動的に解除・不活性化できるように設計条件を明示している。

　プーチン露大統領も、同年11月にモスクワで開催された「AIの旅会議（AI Journey Conference）」に出席し、「専門家集団や企業は、人間とAIとの相互作用に関するモラル準則の起草を考慮すべき」と発言した。加えて、「人間は至高の価値であり、科学技術は科学技術のために発明されてはならない」とも強調した[111]。

　中・米・露は、AI軍拡競争を行いつつ、国内的にAI倫理原則の確立にも取り組んでいる。

---

111) "Putin suggests drafting moral standards for human interaction with artificial intelligence," November 9, 2019/TASS, https://tass.com/economy/1087839（accessed at February 7, 2020).

V　まとめにかえて──今後の展望

1　諸国家間対立の二重構造

　CCW を含む国際人道法は、軍事的必要性と人道的考慮との均衡の上に成立する。どちらかの観点を重視することで、意見の対立が生じる。新興技術の LAWS は、意見の対立が二重構造になっている。まずは、兵器の軍事的必要性を重視する軍事大国と被攻撃側の人道的考慮を強調する弱小国との対立である。前者は自らの軍事行動を制限する法規制の成立に反対し、後者は前者の軍事行動を縛る法規制の設定を主張する[112]。しかし、軍事大国が法規制を受容するのは、その軍事的利益が人道的非難と比較して相対的に低い場合（ダムダム弾[113]）、特定の兵器が使用規制されても、軍事的利益の喪失分を軍事技術で十分に補填できる場合（沈黙対人地雷からスマート対人地雷への転換）、代替兵器でその軍事的利益を補完できる場合（クラスター弾の代替兵器[114]）、または他国による軍事技術の追従により自国戦闘員へのリスクが高まる場合（盲目化レーザー兵器[115]）が考えられる。LAWS 法規制積極派[116]は、人道的考慮を重点に法規制の実現を目指しているが、軍事的必要性の視点を踏まえて軍事大国に LAWS 法規制の

---

112) LAWS 禁止促進運動は NGO が主導し、しかも、LAWS 禁止の支持表明国が軍事大国ではなく、そのほとんどの国が強大な国の手を縛るために禁止しようとしていると指摘される。*Army of None*, pp. 348-350,『無人の兵団』458-461頁。

113) ダムダム弾の使用禁止は、相手に必要以上な苦痛を与えるという理由だけでなく、通常の小銃弾にくらべ、弾道に狂いが生じやすく、また、銃腔を損じやすいという実利面での考慮が働いているからである。田畑茂二郎『国際法新講下』（東信堂、1991年）269頁。

114) 国家は、代替兵器を準備してから、ある兵器の使用禁止を受容する。日本は、2009年にクラスター弾禁止条約の受諾書を寄託した後に、代替兵器の高密度 EFP 弾頭を研究開発している。防衛装備庁陸上装備研究所ホームページ https://www.mod.go.jp/atla/rikusouken.html（2020年 3 月14日閲覧）。

必要性を説得しなければ、法規制の実現は、不可能であろう。その成否
は、LAWS の軍事的利益が敵対国への人道的考慮と比較してさほど高く
なく、自国戦闘員へのリスクが高いと軍事大国が判断するか否かによる。

　もう 1 つの対立は、軍事的優位性を競う軍事大国間で発生する。米・英
は、LAWS に関して何らかの法規制を受容可能であるとしても、中・露
が同調しない限り、自国が軍事作戦上不利になると考えれば、その法規制
を受容しない。軍事大国間の協調に至る誘因として、相互抑制が指摘され
る[117]。LAWS 保有が相互の破壊に至るとのリスク共有が、当該兵器規制
の可能性を生む。

2　倫理規範（政治宣言・行動準則）成立の可能性

　EU、OECD とその遵守国としての非加盟国、G20、G 7 の合計53か国
（AI 兵器開発国 6 か国の英・米・露・中・イスラエル・韓を含む）は、AI と
社会の関係性について、法的拘束力のない政治宣言形式で人間中心アプ
ローチによる倫理原則に賛同している。人間の尊厳が尊重されること、主
体はあくまで人間であり AI は補完的役割に徹すること、AI アクターは
人間による最終的な意思決定の余地を残しておくことが合意されている。
ユネスコも AI の人間中心的なガバナンスを確保する必要性について合意
があり、2021年のユネスコ総会で勧告形式の AI 倫理基準設定文書を審
議・採択する予定である。ユネスコによる非法律的文書の作成は、AI・
ロボット研究者がたびたび公表している職業倫理規範の集大成ともいえ
る。加えて、中・米・露の AI 倫理規範への肯定的姿勢は、AI 規制の共

115）当初、失明をもたらすレーザー兵器に関する議定書に反対していた米国が同議定
　　書の採択前日に政策転換したのは、当該兵器の拡散前にその危険性に対処しようと考
　　えたためである。加えて、同議定書がレーザーの軍事利用を包括的に禁止せず、同意
　　ができるほど限定的な禁止内容であったからである。岩本誠吾「盲目化レーザー兵器
　　議定書に対する国際法的評価」『産大法学』38巻 2 号（2004年 9 月）19頁。
116）包括的な禁止に伴う負の烙印（stigma）は、抑制を促す強力なツールになり得る
　　が、万全とはいえないと指摘される。*Army of None*, p.351、『無人の兵団』461頁。
117）相互報復の恐怖が抑制を生むという。*Army of None*, p. 352、『無人の兵団』463
　　頁。

通した在り方を示唆している。AI と社会の関係性や AI 技術の在り方について非法律的文書形式（ソフト・ロー）で人間中心的な倫理規範を作成することは、AI 兵器研究開発国や法規制不要国でも受容可能である。この AI 全体を取り巻く状況を LAWS 規制に当てはめてみれば、LAWS 法規制消極派が政治宣言の仏独共同提案を受容する可能性も見えてくる。

　他方、法規制積極派や国際 NGO が政治宣言の提案を支持しないのは、それが多種多様な懸念事項に満足に対処できず、完全自律兵器の開発を前提とすることで間違ったメッセージを送ることになるからであるという[118]。しかし、法規制積極派は、何らかの方法で LAWS 規制を試みる仏独の方向性に反対している訳ではない。むしろ、LAWS 出現が時間的に切迫した状況で、政治宣言から行動準則へ、行動準則から使用禁止制限の法規制へ、最終的には、使用禁止制限の法規制から全面禁止の法規制へ（ソフト・ローからハード・ローへ、人道法から軍縮法へ）という長く続く遅々とした漸進的プロセスを踏むことへの拒絶反応にある。法規制積極派が仏独共同提案に歩み寄る余地はないのか、再検討する価値はある。

3　法規制の先例からの教訓

　CCW 枠内の LAWS 問題は、2014年の非公式専門家会合からすでに6年が経ったが、あまり成果が挙がっていない。CCW の存在意義が問われかねない危機感から、2020年と2021年の2年間の GGE・CCW 締約国会議にかける期待は、一層大きい。LAWS 規制の成果を得るための教訓となる先例は、対人地雷規制とクラスター弾規制である[119]。

　CCW 枠内でコンセンサス方式により対人地雷使用を厳格に規制した改正第2議定書（国際人道法）が1996年に成立した後に、法規制積極派はその使用制限に満足せず、CCW 枠外で有志連合方式により対人地雷禁止条約（軍縮条約）を1997年に作成した。対人地雷禁止条約未加入の軍事大国

118) CSKR, "Unambitious process on killer robots to continue," November 24, 2017, https://www.stopkillerrobots.org/2017/11/ccwun-3/ (accessed at March 17 2020).
119) 岩本誠吾「特定通常兵器使用禁止制限条約（CCW）の現状と課題」『軍縮研究』5号（2014年）8-11頁。

は、自ら同意した厳格な使用規制を規定する改正第 2 議定書を後に選択することができた[120]。

　他方、クラスター弾規制に関して、法規制積極派が、CCW 枠内で使用規制の議定書（国際人道法）が成立するのを待たずに、CCW 枠外で有志連合方式によりクラスター弾条約（軍縮条約）を2008年に採択した。その後、CCW 枠内でのクラスター弾の使用規制交渉は、クラスター弾条約の形骸化を恐れた法規制積極派による当該交渉の妨害を受け、中断せざるを得なかった。クラスター弾条約未加入の軍事大国は自ら同意した法規制を後に選択する次善の策もなく、現在、軍事大国を縛るクラスター弾の法規制は存在しない。

　軍縮志向の法規制積極派は、CCW 枠外での有志連合方式による対人地雷禁止条約の成功体験を CCW 枠内のクラスター弾議定書の成立前に持ち込むことで、クラスター弾規制の最低限の底上げを阻害し、法規制の漸進的発展への道を断った。軍縮条約の未加入国への負の烙印化（stigmatization）は、当該兵器を使用し難い政治環境を作るとしても、それだけでは軍事大国の行動を抑止することは困難である[121]。

　CCW は、あくまで国際人道法（兵器の使用禁止・制限）の枠内であって、軍縮条約を議論する場ではない。対人地雷の法規制の場合のように、CCW での法的妥協が成立した後により厳しい軍縮条約を追求することは、CCW 前文が示すように、理解可能な法規制過程であると言える。CCW 内での LAWS 法規制の過程がクラスター弾規制の過程と同じ轍を踏むことのないように、法規制積極派は CCW 枠内に留まり、軍事大国を含むコンセンサス形成を目指すことが、現時点での最優先事項であろう。結果として、それが LAWS 法規制の漸進的発展につながる。

120）改正第 2 議定書に中国は1998年11月 4 日に、米国は1999年 5 月24日に、ロシアは2005年 3 月 2 日に加入した。

121）トランプ米政権は、2020年 1 月31日にオバマ政権の2014年対人地雷政策（対人地雷の使用を朝鮮半島のみに限定）を撤回し、他の紛争地域でもスマート地雷の使用を可能にする方針を公表した。U.S. DoD, Immediate Release, *Landmine Policy*, Jan.31, 2020, https://www.defense.gov/Newsroom/Releases/Release/Article/2071692/landmine-policy/（accessed at March 18, 2020）.

　国内外の共通化した AI 倫理原則の存在やユネスコによる AI 倫理規範の策定過程の状況から、現在、AI 倫理原則の議論からガバナンスを含めた具体的な実装の議論[122] へと移行してきた。CCW 枠内での LAWS 規制議論も、この AI 全体の規制論の動きに連動して、法規制に拘泥することなく、2021年を目途に実現可能性が高い LAWS 倫理規範の作成、その先の具体的な実装の議論へと展開することが切望させる。

---

122) たとえば、AI システムの制御可能性を具体化するセーフガード（OECD 原則）や不活性化装置（米国の AI 原則）の実装が議論されている。

第5章

民事司法における AI 利用の前提条件
—— フランスの裁判情報オープンデータ化を中心に

町村　泰貴

I　民事司法における AI 技術の利用可能性とその前提

　AI（人工知能）[1] と法をめぐる議論は、法学の様々な分野で熱心に議論されており、本書もその列に加わろうとするものであるが、本稿は特に民事司法の分野における AI の利用可能性を扱う。

　従来は、AI と司法との関係について、主として刑事裁判を題材に論じられてきた[2]。実際にも、アメリカなどで AI の裁判利用が進み、問題が顕在化しているのは、再犯可能性予測システム COMPAS に関してであり、刑事施設被収容者のプログラム選定や釈放判断、さらには量刑判断など、刑事裁判過程の中での利用であった[3]。もっとも、民事訴訟であれ刑事訴訟であれ、事実を認定し、これに法的推論を加えて一定の結論を得るという限りにおいては共通しているのであるから、刑事裁判に関して検討された AI のインパクトや問題点は、ある程度は民事訴訟にも当てはまるものということができる。

---

1 ）本稿における AI（Artificial Intelligence：人工知能）の意味は、官民データ活用推進基本法 2 条 2 項が定める人工知能関連技術、すなわち「人工的な方法による学習、推論、判断等の知的な機能の実現及び人工的な方法により実現した当該機能の活用に関する技術」という程度の広い意味で捉える。町村泰貴「民事裁判における AI 活用」法律時報91巻 6 号（2019年）48頁以下参照。

2 ）例えば、笹倉宏紀「AI と刑事司法」弥永真生＝宍戸常寿編『ロボット・AI と法』（有斐閣、2018年）233頁は刑事裁判過程に即して AI のインパクトを論じたものである。また柳瀬昇「AI と裁判」山本龍彦編著『AI と憲法』（日本経済新聞出版社、2018年）は、必ずしも刑事に限定してはいないが、やはり刑事司法を中心として論じている。

3 ）柳瀬・前掲注 2 ）363頁以下、Julia Angwin, Jeff Larson, Surya Mattu and Lauren Kirchner, "Machine Bias : There's software used across the country to predict future criminals. And it's biased against blacks.", 2016. <https://www.propublica.org/article/ machine-bias-risk-assessments-in-criminal-sentencing>（最終閲覧2020年 3 月31日）

　例えば、法情報調査に関する AI 技術の活用例である ROSS[4] について
は、特に民事と刑事を区別する必要はない[5]。e ディスカバリにおけるデ
ジタル・フォレンジックと AI によるテクノロジーに支援されたレビュー
（Technology Assisted Review：TAR）について[6] は、基本的に連邦民訴規
則に基づく電子的記録文書（Electronically stored information：ESI）のディ
スカバリに用いられるものであるが、デジタル・フォレンジック自体は刑
事司法にも用いられる技術[7] であり、刑事司法でも同様に AI による関
連性判断を中心とする TAR が有用な場面がありうる。さらに、ロンドン
大学の研究者を中心として行われた欧州人権裁判所の判決予測プロジェク
ト[8] も、民事と刑事の区分には関係のない司法における AI 技術の活用
例である[9]。

　これに対して、特に民事裁判に関連して利用が考えられているものとし
ては、要件事実論を前提とした法的推論モデルを前提にして、事実認定プ
ロセスや法的当てはめ過程について AI 技術を用いること[10] や、裁判外

4 ）これについては駒村圭吾「『法の支配』vs『AI の支配』」法学教室443号（2017年）
　　61頁以下、特に62頁、町村・前掲注 1 ）49頁脚注 7 掲記の文献など参照。
5 ）このほか、法律文書の起案支援などに AI 技術を用いる場合も、刑事と民事とで法
　　律文書の種類が異なるという以上の違いはない。
6 ）これに関しては、町村泰貴「AI 技術による裁判の変化と課題」法の支配197号
　　（2020年）57頁、特に60頁以下参照。
7 ）むしろ刑事司法において発達した技術といっても過言ではない。ディスカバリ制度
　　が実質的に存在しない日本では、もっぱら刑事捜査上の技術という面が強い。町村泰
　　貴＝白井幸夫編『電子証拠の理論と実務──収集・保全・立証』（民事法研究会、
　　2016年）296頁以下（野本靖之、鈴木眞理子、戸苅左近）、デジタル・フォレンジック
　　研究会編『デジタル・フォレンジック事典（改訂版）』（日科技連出版社、2014年）65
　　頁以下（安冨潔）など参照。
8 ）Aletras N, Tsarapatsanis D, Preoţiuc-Pietro D, Lampos V. 2016. Predicting judicial
　　decisions of the European Court of Human Rights: a Natural Language Processing
　　perspective. PeerJ Computer Science 2:e93 <https://doi.org/10.7717/peerj-cs.93>（最
　　終閲覧2020年 3 月31日）、町村・前掲注 6 ） 5 頁参照。
9 ）このロンドン大学のプロジェクト自体は予測 predict を行うまでに至ったものでは
　　ないが、このような予測司法 justice prédictive という言葉が AI と司法の関係で多く
　　用いられているのが現状である。Yannick Meneceur, «Numérique et prédiction de la
　　décision», in Corinne Bléry et Loïs Raschel, Vers une procédure civile 2.0, Dalloz,
　　2018, pp.59 et s.

紛争解決手続（ADR）に AI 技術を用いること[11] が挙げられる。

　これらの司法に AI 技術が用いられる事例では、自然言語処理に関する AI 技術の発展が大きな役割を果たしているが、近時の AI の最大の特徴である機械学習や深層学習（ディープラーニング）により、大量のデータの分析を基礎として統計的に相関関係を見出していくことも、さらなる発展に繋がる可能性がある。例えば、判決文のテキストマイニングにより得られた統計情報を元に、訴訟行動における選択に再利用するのみならず、法運用の実態解明や裁判の経営に与える影響分析などに役立ちうるとの指摘もなされており、ひいては裁判の経済分析にも寄与するであろうとの展望が示されている[12]。こうした展望は既に10年以上も前から示されてきたものだが、最近になってようやく発想の段階から実践の段階に移ってきたということができる。

　しかしながら、こうした法実務への AI 利用には、その前提として、法情報のデジタル化とオープンデータ化が欠かせないところである。オープンデータの意義や世界と日本における大まかなトレンドと、特に判決書に

10）いわゆる法律エキスパートシステムの開発は、海外でも盛んに行われたところだが、我が国でも吉野一教授を中心とする研究グループが研究成果を出されていた。代表的なものとして、吉野一編者代表『法律人工知能——法的知識の解明と法的推論の実現』（創成社、2000年）、平田勇人『AI による紛争解決支援——法律人工知能——』（成文堂、2018年）。なお、近時のこの系統の研究として佐藤健「証明責任とその周辺概念の論理プログラミングによる定式化」東京大学法科大学院ローレビュー 4 号（2009年）46頁、西貝吉晃ほか「PROLEG：論理プログラミング言語 Prolog を利用した要件事実論のプログラミング」情報ネットワーク・ローレビュー 10巻（2011年）54頁など参照。

11）オンライン環境で ADR を行うことについては、町村泰貴「インターネット社会と ADR（上・下）」NBL 689号（2000年）6頁、690号（2000年）45頁、同「現実のものとなりつつあるサイバー ADR」法学セミナー 2001年 8 月号（560号）38頁。これに AI がどのような進化をもたらすかについて、平田・前掲注10）223頁以下、山田文「ADR の IT 化（ODR）の意義と課題」法律時報91巻 6 号（2019年）42頁以下、町村・前掲注 1 ）特に50頁以下など参照。

12）野中尋史＝酒井浩之＝増山繁「テキストマイニング技術を用いた判例文書分類・情報抽出——判例統計作成のために」情報ネットワーク・ローレビュー 8 巻（2009年）74頁以下。なお、この論文自体はテキストマイニング技術のアルゴリズムを論じるものである。

関するオープンデータ化の動きに関しては、既に別のところで簡単ながら紹介した[13]。本稿では、既に行った裁判情報のオープンデータ化に関する考察では十分取り上げられなかった側面として、フランスにおける近時の立法動向を紹介する[14]。

　フランスは、英米諸国のような裁判例原則公開という方針をとって来なかった中で、少なくとも判決文に関しては原則公開に舵を切り、その場合に公開の限界としてのプライバシー等をどのように扱おうとしているか、法令のレベルで実例を示している。我が国の方向性に多くの示唆を得られると考えられる。

13）町村泰貴「民事判決オープンデータ化の期待と展望」NBL 1172号（2020年）28頁
　　以下。ほかにも町村・前掲注１）51頁以下でも、簡単ながら触れている。
14）我が国でフランスの判決オープンデータ化を紹介されているものとして、ブログ記
　　事ではあるが、金塚彩乃「司法と AI」『弁護士金塚彩乃のフランス法とフランスに関
　　するブログ』2020年８月15日付け記事 <http://ayanokanezuka.jugem.jp/?eid=43>（最
　　終閲覧2020年９月30日）があり、参考になる。

II　フランスにおける判決オープンデータ化の経緯

1　公的情報のオープンデータ化推進

(1)　EU 指令からデジタル共和国法へ

　公的情報のオープンデータ化は、EU レベルで推進されている。既に2003年11月17日の公共部門情報再利用に関する指令（いわゆる PSI 指令[15]）において、EU 構成国の公共部門の保有する文書情報を再利用するためのルールと手段を樹立する方針が示されていた。この指令はその後に改正され、現在は2019年6月20日の公的部門情報再利用とオープンデータに関する指令（いわゆるオープンデータ指令[16]）となっている。

　こうした EU レベルでのオープンデータ戦略の下で、フランスもまた公的部門の有する情報のオープンデータ化を進めていた。具体的には、2011年2月21日デクレ[17] 2011-194号が «Etalab» と称して、省庁をまたいだワンストップポータルサイトの設立を定めた。これは data.gouv.fr[18] となっ

---

15)　Directive 2003/98/EC of the European Parliament and of the Council of 17 November 2003 on the re-use of public sector information.

16)　Directive（EU）2019/1024 of the European Parliament and of the Council of 20 June 2019 on open data and the re-use of public sector information.

17)　フランスの法令は、法律 loi が国会により制定されるほか、広範な行政立法が可能であり、コンセイユ・デタのデクレ décret が重要な役割を果たす。その下に、細則や任命行為などの決定がアレテ arrêté という形式で行われる。なお、特定分野の法令を法典 code にまとめる場合は、法律部と規則部とを分け、法律部には L という符号をつけた条文番号とし、規則部には R という符号を付けた条文番号がふられ、さらに最近では条文番号を法典の編・章・節の番号を付して、節の中の個々の条文を枝番で示す方式が行われている。

た。また、2015年12月28日法律[19]により改正された1978年7月17日法律
78-753号[20] 10条以下が、行政庁の保有する情報の再利用を定めた。この
法律は、後に、公衆と行政との関係についての法典 Code des relations
entre le public et l'administration に法典化されている[21]。

　そして2016年には、フランスのIT戦略を象徴するデジタル共和国法[22]
が制定された。その中で、国会審議中に政府と上院議員の共同提案[23]に
より挿入された条項が20条の行政裁判法典 L.10条改正規定と、21条の司
法組織法典 L.111-13条の規定である[24]。それぞれ、裁判所の判決[25]が関
係人のプライバシーに配慮した上で無償で公衆に提供されるべきことを規

18）https://www.data.gouv.fr/fr/（最終閲覧2020年9月30日）

19）Loi nº 2015-1779 du 28 décembre 2015 relative à la gratuité et aux modalités de la
　réutilisation des informations du secteur public.

20）Loi nº 78-753 du 17 juillet 1978 portant diverses mesures d'amélioration des rela-
　tions entre l'administration et le public et diverses dispositions d'ordre administratif,
　social et fiscal.

21）Ordonnance nº 2016-307 du 17 mars 2016 portant codification des dispositions re-
　latives à la réutilisation des informations publiques dans le code des relations entre
　le public et l'administration.

22）Loi nº 2016-1321 du 7 octobre 2016 pour une République numérique. この法律に関
　しては、曽我部真裕「フランスの『デジタル共和国法』について」法律時報91巻6号
　（2019年）71頁参照。

23）デジタル共和国法の当初案には判決無償公開の規定がなかったところ、Evelyne
　Didier上院議員の提案に基づいて本文記載の条項が挿入された。その趣旨は、一審
　と控訴審の判決のlégifranceへの公開率が1％未満であること、その他の裁判例は
　破毀院が4つの私的判例集編集者に年間約6万ユーロ（約720万円）で独占販売して
　いるという事実をあげて、これを是正するためというものであった。以上につき、
　Thibault Douville et Loïs Raschel, «Numérique et diffusion de la décision—L'open
　data des décisions de justice», in Corinne Bléry et Loïs Raschel, *Vers une procédure
　civile 2.0*, Dalloz, 2018, pp.49 et s.

24）フランス法では、民事裁判・刑事裁判を管轄する裁判所の系列と行政裁判を管轄す
　る裁判所の系列とが峻別されている。前者は破毀院 cour de cassation を頂点とする
　もので、juridiction judiciaire とか ordre judiciaire といい、司法裁判所系列などと訳
　す。その裁判組織を定めた法典が司法組織法典 code de l'organisation judiciaire であ
　る。これに対して後者はコンセイユ・デタ conseil d'Etat を頂点とするもので、juri-
　diction administrative とか、ordre administratif といい、行政裁判所系列という。そ
　の裁判組織を定めた法典が行政裁判法典 code de justice administrative である。

定した。以下、紹介する[26]。

デジタル共和国法20条による行政裁判法典 L.10条の改正規定

1. 判決は公開のものとする。判決には、これを下した裁判官の氏名を記載する。
2. これの判決は無償で、そして関係人のプライバシーを尊重する中で、公衆の利用に供される。
3. この公衆への提供に先立って、人の再識別化 ré-identification のリスク分析を行う。
4. 公衆と行政との関係についての法典 L.321-1条から L.326-1条までの規定[27] は、これの判決に記載された公共情報の再利用にも適用される。
5. コンセイユ・デタのデクレにより、第一審、控訴審または破毀審についての本条適用条件が定められる。

デジタル共和国法21条による司法組織法典 L.111-13条の改正規定

1. 裁判情報へのアクセスおよびその公開を規律する個別の規定を妨げることなく、司法裁判所の下した裁判は無償で、そして関係人のプライバシーを尊重する中で、公衆の利用に供される。
2. この公衆への提供に先立って、人の再識別化 ré-identification のリスク分析を行う。

---

25) 原語は décisions de justice であり、正確に訳すとすれば「裁判所の判断」という意味になるが、日本法の用語では判決や決定、命令の総称としての「裁判」と訳すべきかもしれない。しかし、その用語法はフランス語と異なる上、日本でも訴訟法学の外では裁判、判決、決定、命令の区別は必ずしも厳密に使い分けられているわけではないし、一般的な語感としても「裁判」は判断行為やそこに至るまでのプロセスを想起させる言葉である。そこで、判断の内容ないし情報を指すことを明確にするため、以下では décisions de justice を原則として「裁判情報」と訳すこととする。
26) これらの条文は、次の 2 に紹介する Loïc Cadiet 教授による報告書を踏まえた法改正により、さらに改正されている。改正後の条文は後に紹介するが、ここではデジタル共和国法により改正された段階の条文を訳出しておく。
27) これらの規定は、行政庁から公開された情報の再利用の権利を定めたものである。

3．公衆と行政との関係についての法典 L.321-1条から L.326-1条まで
の規定は、これらの裁判に記載された公共情報の再利用にも適用され
る。

4．コンセイユ・デタのデクレにより、第一審、控訴審または破毀審に
ついての本条適用条件が定められる。

　以上の経緯から、EU レベルのオープンデータ戦略は、直接的には裁判
情報についてまで無償公開することを求めていたわけではないが、少なく
ともフランスでは、国内法によるオープンデータ戦略の過程で、裁判情報
も含めることとなったことが確認できる。

(2)　欧州評議会諸国による裁判情報オープンデータ化

　これに対して、EU とは密接に関係しつつも別の動きをする欧州評議会
Council of Europe では、その下部組織である欧州司法効率化委員会 Euro-
pean Commission for the Efficiency of Justice：CEPEJ[28] が、2016年から
2018年の評価期間において初めて、構成国の裁判情報オープンデータ化の
有無を調査した[29]。

　それによれば、裁判情報のオープンデータ化政策を採っていないと答え
た構成国はわずかに5カ国であったという。ただし、オープンデータの意
味と判決公開とを混同した国もあったということであるが、この調査によ
り明らかにされたのは、ヨーロッパ諸国の司法機関の透明性を向上させよ
うという意欲と裁判情報の公開によって将来の AI 技術の利用に供したい
という意欲が幅広く認められるということであった[30]。

　こうしたヨーロッパの全体の傾向の中で、フランスも裁判情報のオープ

28）https://www.coe.int/en/web/cepej（最終閲覧2020年9月30日）

29）Xavier Ronsin et Vasileios Lampos, «Overview of open data policies relating to ju-
dicial decisions in the judicial systems of Council of Europe member States», in
CEPEJ, *European Ethical Charter on the Use of Artificial Intelligence in Judicial
Systems and their environment*, Adopted at the 31st plenary meeting of the CEPEJ
(Strasbourg, 3-4 December 2018), pp.18 et s., esp. pp.21 et s.

30）*ibid*, nº 28.

ンデータ戦略を推進することとなった。

2 Cadiet 報告書

(1) 概　要

　デジタル共和国法20条および21条により裁判情報のオープンデータ化が必要となったことを受けて、2017年5月にフランス政府はその具体化のための調査を Loïc Cadiet 教授に委託し、その報告書[31] が2017年11月に提出された。

　この報告書は、Cadiet 教授の導入部に続いて、3つの部に分かれている。第1部は裁判情報の一般公開の目的、論点、リスク、第2部は裁判情報の一般公開の条件、そして第3部は裁判情報の一般公開の方法とそれぞれ題されている。

　フランスの裁判情報オープンデータ化の立法理由や各種の考慮要素、そして法文の解釈に資する情報が豊富に含まれているので、少々長くなるが、以下順に紹介する。なお、以後オープンデータ報告書の該当箇所は単に段落番号のみを記す。

(2)　第1部　裁判情報の一般公開の目的、論点、リスク

　裁判情報の一般公開の目的は、デジタル共和国法20条および21条の立法過程でも指摘されていたことであるが、第一に市民の法情報・裁判情報へのアクセスの向上にあり、裁判公開原則の一部ではないにしても、そのコロラリーとしてフランス法の伝統に根ざすものだとされる（n° 13）。また、従来にないような裁判研究に道をひらく可能性があるものとしても注目される。ただし、データ量が多すぎて適切な判決を見つけ出すことができなくなることも懸念される。その懸念に対しては優れた検索手段が必要となるが、コストとともにその信頼性も問題である（n° 14）。従って、そのア

---

31) Loïc Cadiet, «L'open data des décisions de justice», Rapport à Madame la garde des Sceaux, ministre de la Justice, 2017. 以下、オープンデータ報告書として引用する。

ルゴリズムは透明性が必要となるとともに、裁判情報への一般的なアクセスによって改善されるものである（nº 15）[32]。

　次に、オープンデータ化により多量かつ多様なデータがネットを通じて流通し、その数は2016年に légifrance で公開された破毀院判決が10,313件で控訴院判決は3,047件であったところ、オープンデータ化されると同年中の民事判決は全裁判所で2,677,253件で、うち控訴院が250,609件、刑事判決は1,200,575件で、うち104,361件が控訴院によるもので、これらが公開されることとなる。また同年の行政裁判所系列では、légifrance に公開されたコンセイユ・デタ判決は2,649件で行政控訴裁判所判決は17,112件であるのに対し、オープンデータ化されればコンセイユ・デタで5,300件、行政控訴裁判所の判決とレフェレ命令が22,500件近く、そして行政裁判所の判決とレフェレ命令も101,800件近くが公開されることとなる（nº 19）。

　そしてその中には人種民族などから性的指向まで、一般データ保護規則GDPR[33] 9条が取扱いを原則禁止としているものが含まれうることは明らかであるし、判決中に刑事判決等が見いだされる場合は「電子的さらし刑」[34] となることもありうる（nº 20）。さらに、データが大量であることから、個人名をマスキングしたとしてもネット上に溢れる情報を用いれば、個人を再識別化することは防ぎ難いし、それを法的に禁止しても実効

32）ここではさらに、膨大なデータの中から適切なデータへのアクセスを機械によって実現する機能を予測 prédictive と呼び、それが相関的なものに過ぎないことや、弁護士や裁判官・検察官によって利用されることも想定されるが、そのデータ選択の過程について透明性が必要であることが指摘されている。オープンデータ報告書 nº 16-17。この点は、AI利用について重要なことであるが、裁判情報のオープンデータ化の問題点からは外れているものである。

33）Regulation (EU) 2016/679 of the European Parliament and of the Council of 27 April 2016 on the protection of natural persons with regard to the processing of personal data and on the free movement of such data, and repealing Directive 95/46/EC (General Data Protection Regulation). 邦訳として、日本の個人情報保護委員会の仮訳 https://www.ppc.go.jp/files/pdf/gdpr-provisions-ja.pdf 参照（最終閲覧2020年9月30日）。以下、GDPR の訳文は原則としてこの個人情報保護委員会仮訳による。

34）mise au pilori électronique という原語であるが、日本語の一般的な言葉に置き換えるならば、デジタルタトゥーということになろうか。

性は乏しい（no 21）。

　他方、経済的には、大量のデータがオープンになることでデータ利用産業が発展し、リーガルテックのスタートアップ企業が業界構図を塗り替える可能性もある。もちろん伝統的な法律出版社が新たな技術で発展する可能性もあるが、外国企業が席巻することもありうる（no 23-25）。リーガルテックや法情報関係産業のみならず、裁判結果の予見可能性が高まることで、その他の産業における法的リスクのバランスが変わり、競争関係に変化をもたらす可能性もある（no 26）。もちろん外国企業を利するばかりではなく、フランス企業も競争上の利点を取り入れることはできるが、裁判情報からフランス企業の経営内容や企業秘密が明らかになる可能性はあり、その点の保護は必要となる（no 27）。

　裁判所や法曹にとっても、裁判情報のオープンデータ化の影響は大きい。大量の裁判例の分析と批判的検討にさらされることで、裁判官や弁護士の行動にも影響する。裁判はより精密になるだろうし、弁護士の顧客に対する説明も判例や実務に沿ったものとなるだろう（no 29-30）。さらに、弁護士の職務が代替されることはなくとも、裁判情報のオープンデータ化はその改善や自動化に寄与する（no 31）[35]。

　なお、裁判情報のオープンデータ化によっても、従前の判決公開ルールが変更されることはなく、オープンデータへのアクセスとは別に従来認められてきた閲覧や判決の二次利用の制約[36]は変わらないものと考える必要がある（no 34-35）。

　このほか、技術的に裁判情報の収集、管理、仮名化 pseudonymisation などを行うことは課題で、現在の判決記録装置のほかに公開用記録装置を用意したり、デジタル共和国法20条および21条が要求する周辺情報も含めた仮名化処理の自動化が用意されなければならない（no 36）。さらにデータ提供の標準化も必要であり、こうした技術的な課題に立法で手当がなされる必要がある（no 37-38）。

35）ここでもまた、AI 利用に裁判情報のオープンデータ化が寄与すること、そしてその予測性に限界ないし誤りが含まれる危惧に言及されている。
36）例えばプライバシー、評議の秘密、営業秘密、国家機密などの保護である。

(3)　第2部　裁判情報一般公開の条件

　ここでは、裁判情報公開の実体的要件および手続的な側面について検討される。実体的要件は主として広い意味でプライバシー保護に関わるものである(a)が、それに加えて裁判に職業として関わる人々、すなわち裁判官、弁護士、書記官、その他の関係者の氏名の保護も論じられる(b)。手続的要件は、公開の方法に関わるものであるが、具体的には従前の判決公開原則との関係でオンライン公開のあり方が問われる(c)。

(a)　プライバシーと個人データの保護

　ここでは裁判判決の公開と、その再利用とが分けて検討される（n° 42）。

　裁判判決の公開の局面では、まずデジタル共和国法が規定したプライバシー保護が問題となる。プライバシー vie privée という言葉は個人データ保護とは区別され、民法上の権利[37]であり、基本的人権[38]でもある。もっとも、法文や立法資料からは必ずしも意図が明確ではなく、少なくとも単なる個人名のマスキングだけでは再識別化の可能性があって十分ではないという程度しか判明しない（n° 43-45）。他方、フランス国内法とGDPR による個人データ保護からは、匿名化 anonymisation と仮名化の区別が導かれる。仮名化については、GDPR に定義[39]があり、個人識別が不可能ではないが困難となるものをいうが、匿名化は個人の識別が不可能なものをいうと考えられる（n° 47）。現在までの légifrance による判決公開は匿名化ではなく仮名化であって個人情報性を失わないが、2001年11月29日の CNIL[40]の通達では公益のために許されるとされていた（n° 48）。しかし技術の進歩と公開される裁判判決の量の増大、さらには GDPR の

37）フランス民法典9条1項。

38）欧州人権条約8条1項。

39）「仮名化」とは、追加的な情報が分離して保管されており、かつ、その個人データが識別された自然人または識別可能な自然人に属することを示さないことを確保するための技術上および組織上の措置の下にあることを条件として、その追加的な情報の利用なしには、その個人データが特定のデータ主体に属することを示すことができないようにする態様で行われる個人データの取扱いを意味する（GDPR 4条(5)）。

40）コンピュータと自由に関する全国委員会 Commission Nationale de l'Informatique et des Libertés。

制定などの法的状況の変化により、再検討が必要となっている（n° 49）。

　もっとも、裁判判決の上述の意味での匿名化は困難である。再識別不可能なレベルに匿名化するには判決要旨の抜粋しか公開できず、判決の完全性や理由を破壊し、公平な裁判を受ける権利にも反することとなる（n° 50-51）。

　そこで、裁判判決の公開と個人データ保護に関する従来の均衡性を見直す必要がある。デジタル共和国法20条および21条は、厳密な匿名化は求めず、再識別化の危険を予め考慮することを求めているが、同法6条による公衆と行政の関係に関する法典 L.312-1-2条は行政文書の一般公開の際に再識別が不可能となる措置を講じるよう定めている。この差異を考慮すると、裁判判決の公開における再識別化のリスク考慮は、手段債務であって結果債務ではないと考えられる。こうした解釈はGDPR 86条[41]からも裏付けられる（n° 52-53）。

　ただし、仮名化の程度は強化する必要があり、法曹の利用の妨げとならない限度で個人識別可能な要素を取り除くべきで、氏名、電話番号、社会保障番号、銀行特定情報、土地の地番情報などは機械的にマスキングし、その他関係人の請求に応じてマスキングを施す必要がある。こうした措置は、さらに技術進歩の可能性も視野に入れ、可変的であるべきである（n° 54）[42]。

　裁判判決の再利用の局面では、一般法が適用となり、特にGDPR 6条1項および4項[43]が同意なき目的外使用の可能性を認めている。その条件の下では裁判判決で個人データを含むものの再利用も可能となる。ただ

41）「公的機関若しくは公的組織によって、又は、公共の利益において行われる職務の遂行のために民間組織によって保有される公文書の中にある個人データは、公文書への公衆のアクセスと本規則による個人データの保護の権利との調和を保つため、公的機関又は組織が服するEU法又は加盟国の国内法に従い、その機関又は組織から開示できる。」

42）ここではGDPR 35条も引用されている。同条1項1文は、「取扱いの性質、範囲、過程及び目的を考慮に入れた上で、特に新たな技術を用いるような種類の取扱いが、自然人の権利及び自由に対する高いリスクを発生させるおそれがある場合、管理者は、その取扱いの開始前に、予定している取扱業務の個人データの保護に対する影響についての評価を行わなければならない。」とする。

し問題となるのは GDPR 9 条および 10 条が定めるカテゴリーの情報[44] であり、裁判判決にはそのカテゴリーの情報が多数含まれる（nᵒ 54-57）。

GDPR 9 条[45] は、人種民族から性的指向などのデータの取扱いを原則として禁止しているが、GDPR 86 条（前注41）との関係で、また表現の自由との調和を要求している 85 条[46] との関係で、裁判判決の再利用が許される可能性も指摘できる（nᵒ 58-61）。

GDPR 10 条[47] は、前科情報等の保護を定めているが、これによれば刑事判決の一般公開は可能でも再利用は不可能となるし、国内法的にも1978

---

43)「個人データが収集された目的以外の目的のための取扱いが、データ主体の同意に基づくものではなく、又は、第23条第１項に定める対象を保護するために民主主義の社会において必要かつ比例的な手段を構成する EU 法若しくは加盟国の国内法に基づくものではない場合、管理者は、別の目的のための取扱いが、その個人データが当初に収集された目的と適合するか否かを確認するため、特に、以下を考慮に入れる。

　(a)　個人データが収集された目的と予定されている追加的取扱いの目的との間の関連性。

　(b)　特にデータ主体と管理者との間の関係と関連して、その個人データが収集された経緯。

　(c)　個人データの性質、特に、第９条により、特別な種類の個人データが取り扱われるのか否か、又は、第10条により、有罪判決又は犯罪行為と関係する個人データが取り扱われるのか否か。

　(d)　予定されている追加的取扱いの結果としてデータ主体に発生する可能性のある事態。

　(e)　適切な保護措置の存在。これには、暗号化又は仮名化を含むことができる。」

44) 日本の個人情報保護法２条３項が定義する要配慮個人情報に相当するが、それよりは広い。

45)「人種的若しくは民族的な出自、政治的な意見、宗教上若しくは思想上の信条、又は、労働組合への加入を明らかにする個人データの取扱い、並びに、遺伝子データ、自然人を一意に識別することを目的とする生体データ、健康に関するデータ、又は、自然人の性生活若しくは性的指向に関するデータの取扱いは、禁止される。」（２項略）

46)「1. 加盟国は、法律によって、本規則による個人データ保護の権利と、報道の目的のための取扱い、及び、学術上、芸術上又は文学上の表現の目的のための取扱いを含め、表現の自由及び情報伝達の自由の権利との調和を保つ。

　2. 報道の目的、又は、学術上の表現、芸術上の表現又は文学上の表現の目的のために行われる取扱いに関し、加盟国は、個人データの保護の権利と表現の自由及び情報伝達の自由との調和を保つ必要がある場合、第２章（基本原則）、第３章（データ主体の権利）、第４章（管理者及び処理者）、第５章（第三国及び国際機関への個人データの移転）、第６章（独立監督機関）、第７章（協力と一貫性）及び第９章（特別のデータ取扱いの状況）の例外又は特例を定める。」（３項略）

年1月6日法律9条[48]）の制約があるので、少なくともこれを改正しない
限りは再利用は困難である（n° 62-63）。

　なお、以上の制約は一般への公開を前提とするデジタル共和国法20条お
よび21条の規定の下で導かれるものであるが、裁判所自身や研究者、法律
出版編集者などの裁判情報へのアクセスは、当然に認められるべきである
し、その他公務員や弁護士も完全な裁判情報へのアクセスが認められる必
要がある。こうしたアクセスを認めるためには、立法措置が必要になると
考えられる（n° 64-65）。

　(b)　一般に公開される判決からの関係法曹氏名の除去

　デジタル共和国法20条および21条には、行政裁判法典 L.10条1項で関
係人のプライバシーを尊重すべきこと、同条2項で人の再識別化の危険を
検討すべきことが規定されている[49]。訴訟の当事者本人やその他の関係
私人がプライバシー保護の対象となることは明らかでも、訴訟に職務とし
て関係した司法官[50] や弁護士、書記官など（以下、関係法曹等という）が
これに含まれるかどうかは明らかではない。関係法曹等の氏名が職務に関
連する事柄でプライバシー保護の対象とはなりえないとしても、デジタル
共和国法20条および21条のそれぞれの2項の「人 personnes」は1項の

---

47)「第6条第1項に基づく有罪判決および犯罪行為又は保護措置と関連する個人デー
　タの取扱いは、公的機関の管理の下にある場合、又は、データ主体の権利および自由
　のための適切な保護措置を定める EU 法又は加盟国の国内法によってその取扱いが認
　められる場合に限り、これを行うことができる。有罪判決の包括的な記録は、公的機
　関の管理の下にある場合に限り、これを保管できる。」

48) Loi n° 78-17 du 6 janvier 1978 relative à l'informatique, aux fichiers et aux liber-
　tés. 2018年改正前の9条は、有罪判決等の情報を利用できるものを裁判所などの公法
　人と司法補助職 auxiliaires de justice（弁護士や執行士）などに限定していた。なお、
　司法補助職の概念はあまり明確でないことについて、法務大臣官房司法法制調査部編
　『注釈フランス新民事訴訟法典』（法曹会、1978年）88頁注参照。

49) 司法組織法典 L.111-13条も同じである。

50) フランスでは裁判官と検察官とを包含する概念として司法官 magistrat という言葉
　を用いる。司法官は、戦前の日本の制度と同様に、養成過程も弁護士とは峻別され
　て、ボルドーにある国立司法官研修所 ENM での研修を経て採用されるキャリアシス
　テムである。ただし、マクロン政権のもとでこうした峻別が見直される可能性はあ
　る。なお、文脈上裁判官 juge の言い換えとして magistrat ということもあり、例え
　ば「判決を下した magistrat」というような場合には裁判官と訳すこともある。

「関係人 personnes concernées」を指すものとは明示されておらず[51]、関係法曹等の再識別化を避けることも求められているとの解釈も可能である[52]。もっともこの点については賛否の対立が激しく、報告書では両論併記としている（n° 66-68）。

(i)　司法官の氏名

司法官の氏名を秘匿すべきでないとする見解の理由は、まず原理的な根拠として、公平な裁判を受ける権利の要素である裁判判決公開原則から、その判決を下した裁判官の氏名を記載しなければならないとするもの、フランス人権宣言15条が定める公権力の市民に対する報告義務から、人民の名において判決を下した裁判官もその氏名を明らかにすべきとするものが挙げられる。その他実務的な根拠として、裁判の内容を知り、法の予見可能性を高め、訴訟の結果の予測可能性を高めるために裁判官の氏名が必要であること、それは市民にとってのみならず法曹にとっても裁判の傾向を把握する上で有用であり、オープンデータ化の趣旨にかなうとするもの、データ処理技術の向上と報道その他の状況から司法官の氏名を隠そうとしても貫徹できないこと、さらに口コミサイト plateformes et systèmes de notation を通じた比較[53] を裁判官も免れるものではないこと、市民が知りたいという欲求を限ることは現実的ではなく、関係する司法官の再識別化を民間業者が行うことで誤情報が出回る可能性もあること、そして不透明になることでフランス法の国際的信用力が低下することが挙げられている（n° 70-71）。

以上のような、司法官の氏名を明示すべきとの意見には、破毀院院長、控訴院院長全国委員会、全国弁護士会が賛同している（n° 72）。

これに対して司法官の氏名を秘匿すべきとする意見の根拠は、まず原理的に裁判官はフランス人民の名において判決を下すのであって個人として

51）２項の personnes には指示代名詞 ces が使われていないという。

52）こうした解釈論を示すのは、CNRS の研究主任である Nathalie Mallet-Poujol の参考意見である。オープンデータ報告書197頁以下、特に199頁以下参照。

53）オープンデータ報告書には弁護士などの司法補助職の比較を行う口コミサイトを適法とした破毀院判決が引用されている。Cass.1re civ., 11 mai 2017, n° 16-13669., CNB c/ Jurisystem.

ではないこと[54]）、裁判官が職務上の過失による責任を負うのは、国家から裁判拒否または重過失を理由として求償訴権 action récursoire を行使される場合に限られること、裁判官の独立を保障するために裁判内容に対する異議は不服申立てに限っていること、審理判決の場での氏名公開には影響しないのであるからオープンデータから氏名を除去しても問題はないこと、司法の権威の観点からも、紛争解決の結果に市民がアクセスする上で裁判所が記されていれば十分で裁判官の氏名は重要でないこと、判例統一という観点でも裁判官の氏名は重要ではなく、結局裁判の独立を危うくする個人攻撃に利用され、裁判官の身体的な安全も危うくなること、その他裁判官の傾向から有利な裁判官を選ぼうとするフォーラムショッピングを助長することなども挙げられている（nº 73-74）。

このような司法官の氏名を秘匿すべきとする意見には、コンセイユ・デタ副院長、控訴院付き検事長全国会議、そして共和国検事全国会議が賛同している（nº 75）。

この対立する見解に加えて、折衷的な立場としては、リスクの大きい裁判官や職業裁判官以外の裁判官[55]）、審級や裁判体の構成などから秘匿が必要と考えられる裁判官に限って秘匿するといった見解もある。この見解は大審裁判所所長全国会議の立場である（nº 76-77）。

　(ii)　その他の関係法曹等の氏名

まず書記官 fonctionnaires de greffe については、確かに裁判を下す立場にはないが、安全を確保しなければならず、また一般的にも裁判官との役割の違いが正しく理解されているとは限らない。攻撃を受けるリスクも無視できない（nº 79）。

弁護士およびその他の司法補助職の氏名の除去もまた問題となるが、弁護士については市民のアクセスや比較を保障することなどから全国弁護士会の総会決議でも弁護士の氏名秘匿には反対とされている（nº 80）。

国家警察、憲兵および税関職員については、保安上の理由があり、氏名

54）これにはモンテスキューの「裁判官は法を語る口に過ぎない」という言葉や、選挙によって選ばれる存在ではないということも指摘される。
55）これには労働審判所 conseil de prud'hommes の裁判官 conseillers や商事裁判所の裁判官 juges consulaires が該当する。

を秘匿すべきであるが、職務外で被害者や証人として登場する場合は特別の扱いが必要となるわけではない（nº 81）。

(c)　裁判情報の公開とアクセス

ここでは、従前の司法裁判所系列と行政裁判所系列の裁判情報公開とその制限をめぐる差異、そしてその従前のルールとオンライン公開との関係が論じられる。

従前の裁判情報公開ルールは、行政裁判所系列が原則公開で第三者の例外なきアクセスを認めていたのに対して、司法裁判所系列は多様である。

行政裁判法典 L.10条１項は、「判決は公開のものとする。判決には、これを下した裁判官の氏名を記載する。」と規定し、２項で関係人のプライバシー配慮を規定するものの、第三者が請求すれば当然に判決が伝達されるという規定[56]に例外はなく、非公開審理 à huis clos[57] によって下された判決でも同様である（nº 86）。

これに対して司法裁判所系列のルールは複雑である。民事の裁判情報は1972年の法律[58] 11-２条が非訟事件と人の身分および能力に関する事件を除いて公開法廷での判決言渡しを定め、破毀院においてはそうした例外なく公開法廷での判決言渡しを定めた（nº 87-88）。第三者による裁判へのアクセスは、同じく1972年法律11-3条が、公開法廷で言い渡された判決のコピーを請求できると定めているが、実務慣行により主文 dispositif のみとされることがあり、そうした扱いは離婚や後見事件に関して明文化された[59]（nº 89）。

刑事に関しては、審理の公開非公開とは別に原則として公開法廷におい

56）行政裁判法典 R.751-7条。ただしプライバシー配慮として匿名化は施される。なお、オープンデータ報告書に基づく裁判情報公開の見直しにより、この規定は改正されることになる。Décret nº 2020-797 du 29 juin 2020 relatif à la mise à la disposition du public des décisions des juridictions judiciaires et administratives 参照。報告書の記載は当然ながら、その改正前のものである。

57）行政裁判法典 L.731-１条および L.773-４条に非公開審理の可能性が規定されている。

58）Loi nº 72-626 du 5 juillet 1972 instituant un juge de l'exécution et relative à la réforme de la procédure civile. この条文もオープンデータ報告書に基づく改正前のものである。なお、民事訴訟法典451条、1016条も参照。

59）民事訴訟法典1082-１条、1180-17条、1223-２条。

て判決が言い渡され、第三者の判決へのアクセスは刑事訴訟法典 R.156
条[60]により原則認められていた（n° 90）。

　こうした状況の下で、紙媒体の判決へのアクセスや公開が認められてい
ない場合にオンライン公開を認めることはできないが、紙媒体の公開が認
められている場合に常にオンライン公開を認めるべきということにはなら
ず、リスクが異なるのでより慎重に限度を検討すべきであり、また紙媒体
判決へのアクセスも大量に行われることも考えるなら、従来の公開基準を
変えるべきではないにせよ、大量取得の可能性を封じる必要がある（n°
91-94）。その他、プライバシー保護以外の理由による秘密保護の要請が認
められる場合も、非開示とすべきである（n° 95-96）。

(4)　第3部　公衆に対する裁判情報の公開の方法

　ここでは、従来の判例公開の方法が、行政裁判所系列についてはコンセ
イユ・デタが行い、司法裁判所系列については破毀院が行ってきたとこ
ろ、基本的にはそうした態勢が是認されるという（n° 97）。

　まず行政裁判所系列の裁判例公開は、コンセイユ・デタ自身のサイト、
légifrance、そして有料のコンセイユ・デタのサイト（Centre de re-
cherches et de diffusion juridiques：CRDJ）が仮名化の上で公開していた。
その他にもコンセイユ・デタと行政裁判所関係者のみにアクセスを認めた
データベース Ariane Archives も存在した（n° 99-103）。

　司法裁判所系列では、破毀院、控訴院その他の裁判所判決および意見
avis を対象とする Jurinet と控訴院の判決やその院長命令を集めた JuriCA
という2つのデータベース[61]があり、Jurinet のデータは仮名化処理がさ
れた上で légifrance のサイトで一般に提供されている。これに対して
JuriCA のデータは裁判所のイントラネット（réseau privé virtuel de la jus-
tice：RPVJ）[62]の利用者にアクセスを認めるとともに、その仮名化した

60）この規定の説明も2020年6月29日デクレ2020-797号により削除される前の条文を前
　　提としている。なお、削除前の規定は、執行力ある刑事終局判決（arrêts, jugements,
　　ordonnances pénales définitifs et titres exécutoires）以外の記録は検事長または共和
　　国検事の許可なくして第三者に交付されないというものであった。
61）2020年6月29日デクレ2020-797号により改正される前の司法組織法典 R.433-3条に
　　より区別して規定されていた。

バージョンについては有料登録者にもアクセスを認めている（n° 104-107）。

　オープンデータとしての公開方法は、まずコンセイユ・デタと破毀院がそれぞれの系列の裁判情報を収集し、データベース化する集中管理方式[63]が、作業の期間遵守や従来の仕組みの応用が可能であるという点で望ましい（n° 108-110）。

　もっとも、データベースの構築や仮名化処理のシステム化は、ほとんどの裁判情報がデジタル化すらされていない現状では、段階的に時間をかけて行う必要があり、また個人情報保護当局の許可を得る必要のある部分も含まれているので、その作業も必要となる（n° 111-113）。

　次に、仮名化処理と再識別化のリスク評価に関しては、その具体的内容をデクレで定めるべきであり、技術進歩に対応するためにソフトローも用意すべきである。なおそのためにはコンセイユ・デタと破毀院とに技術的専門家を用意すべきである（n° 114-115）。

　第三に、配信のメディアは、法の配信とオープンデータの配信とを区別して考えるべきで、法としての裁判情報の配信は検索に有用であり、裁判日、裁判所、キーワードなどによる検索が可能であることが必要である。これは市民の利用を想定し、現在 légifrance が行っているものである。対してオープンデータとしての配信は無選択で再利用可能な形での大量裁判情報の提供である。その他、維持費用の調達のため有償とするか無償とするかも選択の余地があり、多様な配信メディアが存在することも考えられる（n° 116-118）。

　第四に、商事裁判所の判決については現在書記課が配布するのみで仮名化処理などを行っていないが、新たに書記課の任務とするよりも、破毀院のシステムに組み込むことが望ましい（n° 119-120）。

---

62) RPVJ については、エルベ・クローズ（町村泰貴＝大濱しのぶ訳）「フランス民事訴訟における裁判官と当事者の相互の役割」民事訴訟雑誌59号（2013年）112頁以下、特に142頁訳注15に簡単に紹介したが、司法裁判所系列の裁判所イントラネットであり、弁護士会側のイントラネットと相互接続して民事訴訟のオンライン化の基盤をなすものである。

63) ヨーロッパでは、各裁判所ごとの分散管理を採用する国としてロシア、連合王国、オランダ、ドイツ連邦があり、中央で裁判情報を収集し集中管理する方式の国としてスペイン、フランスが挙げられる（オープンデータ報告書 n° 109）。

Ⅲ　裁判情報オープンデータ化のための法律および適用デクレ

1　オープンデータ報告書に基づき改正された現行法

(1)　2019年3月23日法律による改正

　以上のようなオープンデータ報告書を受けて、フランス政府はデジタル共和国法20条および21条が定めた行政裁判法典 L.10条および司法組織法典 L.111-13条について、2018-2022年間計画および司法改革に関する2019年3月23日法律2019-222号[64] 33条により改正を加えた。同条は裁判情報公開とプライバシー権との調整と題する節の唯一の条文であり、商法典 L.153-1条改正、行政裁判法典 L.10条改正、L.10-1条新設、L.741-4条改正、司法組織法典 L.111-13条改正、L.111-14条新設、執行裁判官創設および民事訴訟改正に関する1972年7月5日法律72-626号の L.11-1条および L.11-2条改正が行われている。

(2)　現行の行政裁判法典における裁判情報公開規定

　この改正により、現行の行政裁判法典 L.10条および L.10-1条は以下のような規定となった。

L.10条

1．判決は公開のものとする。判決には、これを下した裁判官の氏名を記載する。

---

[64]　Loi nº 2019-222 du 23 mars 2019 de programmation 2018-2022 et de réforme pour la justice. この法律自体もフランスの民事訴訟の大きな改革となるものであるが、これについては他日を期したい。

2．裁判情報へのアクセスとその公開を規律する特則がない限り、判決は無償で電子的な形態の下で公衆の利用に供される。

3．第1項の例外として、判決に記載された自然人の氏名は、それが当事者または第三者〔の情報〕であるときは、公衆の利用に供される前に秘匿される。当事者、第三者、司法官および書記課職員を特定する要素のすべても、その開示がそれらの者若しくは周辺の者の安全または私生活尊重に侵害となる可能性がある場合に、秘匿される。

4．司法官および書記課職員を特定するデータは、それらの者の実際の、若しくは仮定的な職業実務を評価し、分析し、比較し、若しくは予測する対象として、またはそうした効果をもたらすために、再利用の対象とすることはできない。この禁止に対する違反は、刑法典226-18条、226-24条および226-31条に定められた刑を科すほか、コンピュータ、ファイルおよび自由に関する1978年1月6日法律78-17号に定められた措置および制裁を適用する。

5．公衆と行政との関係についての法典L.321-1条からL.326-1条までの規定は、これらの判決に記載された公共情報の再利用にも適用される。

6．本条の適用条件は、コンセイユ・デタのデクレが第一審、控訴審、破毀審のそれぞれについて定める。

L.10-1条

1．〔当事者以外の〕第三者は、特にその数、反復性または組織性から濫用的請求と判断される場合を除き、判決の写しを交付させることができる。

2．判決に記載された自然人を特定可能な要素は、それが当事者または第三者〔の情報〕であるときは、その開示がそれらの者若しくは周辺の者の安全または私生活尊重に侵害となる可能性がある場合に、秘匿される。

3．本条の適用条件は、コンセイユ・デタのデクレが第一審、控訴審、破毀審のそれぞれについて定める。

（3）　現行の司法組織法典における裁判情報公開規定

また、この改正による司法組織法典 L.111-13条および L.111-14条は以下のような規定である。

L.111-13条

1．裁判情報へのアクセスとその公開を規律する特則がない限り、司法裁判所の下した裁判は無償で電子的な形態の下で公衆の利用に供される。

2．裁判に記載された自然人の氏・名は、それが当事者または第三者〔の情報〕であるときは、公衆の利用に供される前に秘匿される。当事者、第三者、司法官および書記課職員を特定する要素のすべても、その開示がそれらの者若しくは周辺の者の安全または私生活尊重に侵害となる可能性がある場合に、秘匿される。

3．司法官および書記課職員を特定するデータは、それらの者の実際の、若しくは仮定的な職業実務を評価し、分析し、比較し、若しくは予測する対象として、またはそうした効果をもたらすために、再利用の対象とすることはできない。この禁止に対する違反は、刑法典226-18条、226-24条および226-31条に定められた刑を科すほか、コンピュータ、ファイルおよび自由に関する1978年1月6日法律78-17号に定められた措置および制裁を適用する。

4．公衆と行政との関係についての法典 L.321-1条から L.326-1条までの規定は、これらの裁判に記載された公共情報の再利用にも適用される。

5．本条の適用条件は、コンセイユ・デタのデクレが第一審、控訴審、破毀審のそれぞれについて定める。

L.111-14条

1．〔当事者以外の〕第三者は、特にその数、反復性または組織性から濫用的請求と判断される場合を除き、判決の写しを交付させることができる。

　２．判決に記載された自然人を特定可能な要素は、それが当事者または
　　第三者〔の情報〕であるときは、その開示がそれらの者若しくは周辺
　　の者の安全または私生活尊重に侵害となる可能性がある場合に、秘匿
　　される。
　３．本条の適用条件は、コンセイユ・デタのデクレが第一審、控訴審、
　　破毀審のそれぞれについて定める。

２　適用デクレ──2020年６月29日デクレ[65]による改正

(1)　行政裁判法典[66]

　裁判情報オープンデータ・デクレにより改正された結果、行政裁判法典
規則部のR.741-13条からR.741-15条までが、「行政系列裁判所により下さ
れた裁判の電子的形態の下での公衆への提供」という節として新設され、
R.751-7条が改正された。

R.741-13条

　１．コンセイユ・デタは、L.10条および本節で定義された条件の下で、
　　行政系列裁判所により下された裁判の電子的形態による公衆への提供
　　に関して責任を有する。
　２．コンセイユ・デタ、行政控訴裁判所、行政裁判所の下した争訟裁判
　　は、その裁判日から２ヶ月以内に、公衆の利用に供される。

R.741-14条

　１．その裁判情報提供が、L.10条３項の定める氏・名の秘匿にもかか
　　わらず、その判決に記載された自然人またはその周辺の者の安全若し
　　くはプライバシー尊重に侵害をもたらす可能性がある場合、その秘匿

65）Décret n° 2020-797 du 29 juin 2020 relatif à la mise à la disposition du public des
　décisions des juridictions judiciaires et administratives. 以下、裁判情報オープンデー
　タ・デクレと呼ぶ。
66）本(a)項では、同法典からの条文の引用は符号と番号のみによる。

措置が当事者または第三者に関するときは判決を形成した裁判長または裁判を下した裁判官が、その他の特定要素すべての秘匿の決定を行う。

2．秘匿措置がコンセイユ・デタのメンバー、司法官または書記課職員に関するものであるとき、〔前項の〕決定は場合によりコンセイユ・デタ争訟部部長、行政控訴裁判所所長または行政裁判所所長が行う。

3．第1項所定のコンセイユ・デタのメンバーまたは司法官は、裁判の中で開示されると国家の根本的な利益に損害を与える可能性がある要素すべての秘匿措置を決定することができる。

R. 741-15条

1．あらゆる関係人は、いつでも、コンセイユ・デタ副所長に指名されたメンバーに対して、R.741-14条所定の裁判を対象として特定要素の秘匿措置〔の実施〕またはその解除を求めることができる。

2．特にその数、反復性または組織性から濫用的とされる請求は認められない。

R.751-7条

1．裁判の補充的謄本は、当事者の請求に基づいて交付することができる。

2．〔当事者以外の〕第三者は、L.10-1条に定める条件および限度において、正確に特定した裁判の単なる写しを交付させることができる。

3．裁判に記載された自然人を特定することができる要素は、それが当事者または第三者〔の情報〕である場合、その開示がそれらの者またはその周辺の者の安全若しくはプライバシーの尊重に侵害となりうるものであるときは、あらかじめ秘匿される。いずれの場合も、R.741-14条またはR.741-15条の適用の下で、それらの者のためにその秘匿措置が決定された場合は、これを行う。

4．R.741-14条最終項の適用の下で裁判の要素が秘匿された場合、裁判の写しにも同じ秘匿措置が行われる。

5．この規定は国家遺産[67]法典L.213-1条からL.213-5条[68]までの適

用によりなされる判決へのアクセスには適用されない。

(2)　司法組織法典[69]

司法裁判所系列の裁判情報の公開も、裁判情報オープンデータ・デクレにより大幅な改正がなされた。

R.111-10条

1. 破毀院は L.111-13条および本章ならびに R.433-3条で定義された条件の下で、司法裁判所により下された裁判の電子的形態による公衆への提供に関して責任を有する。
2. 裁判は、裁判所書記課への寄託から 6 ヶ月の期間内に、公衆の利用に供される。

R.111-11条

1. R.111-10条所定の裁判は、あらゆる者に事前の許可を要せずして公開され、アクセスできる〔法廷で〕下された裁判とする。
2. ただし、第三者に対する伝達が事前の許可を必要とする裁判は、それが特別の利益を有する場合に、公衆の利用に供されることができる。事実審裁判所によって下された裁判は、司法大臣のアレテにより定められた条件の下で裁判所所長により破毀院に伝達される。
3. 法律または規則が、裁判の理由中の全部または一部の秘匿措置の後でなければ写しの交付を認めないと定めているときは、その裁判は同様の条件の下で公衆の利用に供される。
4. 法律または規則が裁判の抄本のみを公開し、または何人にも事前の許可なしのアクセスを認めている場合は、その抄本のみを公衆の利用

---

67) ここで国家遺産と訳す patrimoines とは、同法典 L.1条によれば、歴史的、芸術的、考古学的、民俗学的、科学的若しくは技術的な意義を有する公共財産若しくは私有財産で、動産または不動産の全体をいうとされている。

68) これらの規定によれば、例えば国家の根本的利益のために秘匿された文書に対しても、その措置から50年を経過すれば当然にアクセスすることが認められる。

69) 本(b)項では、同法典からの条文の引用は符号と番号のみによる。

に供する。

R.111-12条

1．L.111-13条 2 項の定める氏・名の秘匿措置にもかかわらず、裁判の提供がその判決に記載された自然人またはその周辺の者の安全若しくはプライバシー尊重に侵害をもたらす可能性がある場合、その秘匿措置が当事者または第三者に関するときは判決を形成した裁判長または裁判を下した裁判官が、その他の特定要素すべての秘匿の決定を行う。

2．秘匿措置が司法官または書記課職員に関するものであるとき、〔前項の〕決定は関係する裁判所所長が行う。

R.111-13

1．あらゆる関係人は、いつでも、破毀院院長に指名された破毀院司法官に対して、R.111-12条所定の裁判を対象として特定要素の秘匿措置〔の実施〕またはその解除を求めることができる。

2．特にその数、反復性または組織性から濫用的とされる請求は認められない。

3．第 1 項の適用によりなされた裁判は、その送達のときから 2 ヶ月以内に、破毀院院長に対する不服申立ての対象とされ得る。院長またはその代行をする部長は、命令により判断する。

　このほか、民事訴訟法典1440-1-1条が創設され、民事判決のコピー交付に際してのプライバシー等の保護が定められた。1440条はあらゆる申請者が裁判を正確に特定して、その裁判の写しまたは抄本の交付を求めることができるとする規定であるが、1440-1-1条は司法組織法典 R.111-12条にほぼ同旨の規定を裁判の交付についても定めており、手続的には同法典R.111-13条も適用されるものとしている[70]。

70）民事訴訟法典の中の規定にもかかわらず、法典名なしに「R.111-12条または R.111-13条の適用のもとで」とされているが、行政立法のミスと思われる。

　また刑事訴訟法典 R.166条以下の刑事判決のコピー交付の要件は、破毀院判決について無条件で、一審二審の判決は公開弁論に基づき公開法廷で下された判決について、事前の許可なしに何人にも交付される（R.166条）が、一審二審の判決の写し交付については共和国検事または検事長が異議をいうことができる。その理由は既に恩赦、復権、再審により有罪判決が取り消されている場合、時効にかかっている場合、害意を持った交付の請求である場合が挙げられ、さらに開示されるべきでない要素について秘匿措置を行った後でなければ写しの交付ができないものと定めることもできる（R.167条）、等と定められている。加えて、司法組織法典 R.111-12条と同旨の秘匿措置を施した後でなければ裁判の写しの交付をしないよう求めることができるとし、国家の根本的利益や商業工業上の秘密を害する可能性がある開示についても、特定要素または理由の一部の秘匿を決定することが、共和国検事または検事長に認められている（R.168条）[71]。以上のほか、重罪院における陪審の特定、少年裁判所の裁判における評価人の特定、刑適用審理部における評価人の特定などを含まないことが、それぞれの裁判の写しの第三者に対する交付の要件とされている（R.169条）。

　刑事裁判に関しては、オープンデータ報告書 no 62において法改正が必要とされていた1978年1月6日法律78-17号9条（2017年当時）の規定についても触れておこう。この規定は、報告書を受けて2018年6月20日の法律[72]により改正され、刑事判決等を取り扱うことができる者として裁判所等、司法補助職、被害者等、そして行政裁判法典 L.10条に定められた判決および司法組織法典 L.111-13条に定められた裁判に含まれる公開情報の再利用者が規定され、関係人の再識別化を可能とする処理は実行できない旨の留保が付されている[73]。

71）刑事訴訟法典では民事訴訟法典と異なり、司法組織法典の条文であることが明示されている。

72）Loi no 2018-493 du 20 juin 2018 relative à la protection des données personnelles.

73）この条文は、その後、2018年12月12日オルドナンス2018-1125号により法律の構造が大きく変更されたため、9条から46条に条文番号が変更となっている。

3　現行法のまとめ

　以上の現行法および適用デクレの内容を整理すると、まずオンライン公開の責任主体は、行政裁判所系列ではコンセイユ・デタが、司法裁判所系列では破毀院が、それぞれ担うこととされている（行政裁判法典 R.741-13条 1 項および司法組織法典 R.111-10条）。

　また、オンライン公開されるのは、行政裁判所系列では言渡しから 2 ヶ月であるのに対して、司法裁判所系列は書記課への裁判寄託から 6 ヶ月とされている。

　全体として行政裁判所系列と司法裁判所系列とのそれぞれの規定が大枠としては一致するものの、細かいところでは差異が見られる。特に当事者や第三者の氏名については、司法組織法典 L.111-13条 2 項が当然に事前秘匿措置を行うよう定めているが、行政裁判法典にはそうした規定がない。また、司法官や書記官の氏名については、プロファイルのための再利用が禁止されているものの、原則として公開はされるが、安全やプライバシーを保護する必要が認められれば、秘匿措置が行われる。判決のオンライン公開と第三者への写しの交付も、大枠としては一致が見られる。

　裁判書の写しの交付に関しても、当事者や第三者の氏名の秘匿措置は当然には行われず、安全やプライバシー保護の必要があると認めるときに秘匿される。そして関係人は、秘匿措置またはその解除を求める請求を裁判所にすることができる。ただし、いずれにせよ濫用的な利用や請求は禁止されている。

Ⅳ　日本への示唆

1　フランスと日本の状況の類似性

　日本の民事司法における AI 利用の前提として裁判情報のオープンデータ化を検討するという本稿の目的に照らして、フランスの状況は比較対象若しくは参考資料として有用かどうかについては、疑問の余地もあるであろう。

　少なくとも司法の分野では、一般的にフランスと日本の制度の懸隔が甚だしく、比較や参照も困難ではないかと考えられてきたように思われる。本稿でも、日仏の裁判制度の違いを知り尽くしている読者を想定することは適当ではないと考え、理解に必要な限度での基礎的な注釈を加えてきた。その中でも司法裁判所系列と行政裁判所系列とが分離していることや、多数の例外裁判所の存在と非職業的裁判官の存在、そして言及する機会はなかったが、法令の合憲性審査を事前にも事後にも行う憲法裁判所の存在や、行政立法と行政裁判所を兼ねるコンセイユ・デタの存在など、司法のあり方は大きく異なる。

　しかし他方で、大陸法に属し、連邦制度は採らない中央集権国家であることや、弁護士の中から裁判官・検察官を採用するという法曹一元はとらず、特に弁護士と裁判官・検察官との立場の互換性は乏しいことなど、重要な共通点もある。そして本稿の関心領域については、判決の一般公開に関する従来の姿勢とその公開割合[74] が類似しており、これを転換して裁判情報のオープンデータ化を進めようとしているという点で共通点が見い

74）公開の姿勢は、少なくとも裁判例としての参照価値が高いという特別な理由により、例外的に一般公開してきたという点で共通する。また公開量に関して、フランスについてはオープンデータ報告書 no 19で紹介されている。本稿Ⅱ 2 (2)参照。日本については、町村・前掲注13) 29頁以下で、粗雑ながらも紹介した。ただし共通しているというのは語弊があるくらい、日本の方が少ないことは否めない。

だされる。

　また、プライバシーおよび個人情報保護に関しても、民間の個人情報保護については、個人情報保護法の適用の下で個人情報保護委員会がコントロールするという体制の日本に対して、EU の GDPR の適用があるフランスとでは大きく異なるようにも見えるが、GDPR 45条に基づく十分性認定を受ける必要があるという意味では、日本の公私諸団体にとって EU の GDPR は無縁ではない。裁判情報の公開のあり方に関しては、個人情報・個人データや要配慮個人情報が多く含まれるだけにより一層、その公開のあり方について、フランスの立法が参考になると考えられる。

2　フランスの裁判情報オープンデータ化立法の注目点

　それでは、フランスの立法から日本に対してどのような示唆が得られるか、どのような点に注目できるかを改めてまとめてみる。

(1)　オープンデータ化の目的

　オープンデータ化の目的については、公的情報のオープンデータ戦略を押し出すデジタル共和国法の中で、一般市民の法情報へのアクセスを向上させることと、特に裁判のデジタル情報公開と再利用により法分野における AI 技術の利用促進と、それによる一般および法務の産業革新が目指されている。

　もっとも、この2つの目的を両方追求することにはいささか無理がある。この点は、オープンデータ報告書の中でも公開の方法として区別すべきことが指摘されている[75]。

(2)　裁判情報のオープンデータ化とプライバシー保護

　裁判情報の幅広い公開が望ましいことは前提としつつも、同時に裁判情報はプライバシーに関わる事柄が多く含まれ、家事事件や刑事事件はもちろん、財産法に関する民事訴訟であっても、場合によってはセンシティブ

---

75)　オープンデータ報告書 no 116以下。

な事項を含むことはフランスでも日本でも同様である。フランスではさらに、GDPR の直接の適用を受けるので、問題は複雑である。

　もっとも、フランスの経験では、それらによって裁判情報のオープンデータ化が不可能というわけではなかった。裁判情報のオンライン公開に当たって当事者や第三者の秘匿措置を行うことは当然として、さらに安全やプライバシーへの侵害可能性を考慮して、当事者の再識別化が困難となるような秘匿措置の拡大を定める一方、再識別化の防止は結果債務ではなく手段債務[76] であるとして、厳密な匿名化は求めないとしているところは注目に値する。

　その際、GDPR 85条が表現の自由や学術上の表現の目的のための取扱いと個人データの保護の権利との調和を求め、例外を定めることを認めている点や、同86条が公文書への公衆のアクセス権と個人データ保護との調和を求めている点がオープンデータ報告書でも引き合いに出され、その結果として現行法は上記のような解決策を採っている。GDPR の下での裁判情報オープンデータ化の可能性を示すものとして、日本でも参考となるであろう。

(3)　関係法曹等の氏名秘匿

　これに対して、裁判官や書記官の氏名を秘匿するという立法がなされた点や、少なくともオープンデータ報告書では弁護士などの氏名も秘匿すべき考え方があることが示された点は興味深い。

　確かに極めて多数の裁判情報の利用により、AI による裁判官プロファイルが行われれば、フォーラムショッピングのような弊害が起こることは否定できない。当事者の行き過ぎた戦略的な訴訟行動が適正な裁判を歪める可能性も、抽象的には理解できる。もっとも、そうした AI の活用が、予測司法 justice prédictive の発展をもたらし、法的世界の様々な進歩につながることがオープンデータ化の目的でもあったはずである。また国民の名において裁判を行う建前から統一的な司法である必要があり、裁判官ごとの裁判情報分析がそうした建前とは相反する現実を露わにすることに

76）別な言い方をすれば、ベストエフォートの限度でよいということになる。

なるとしても、そうした現実を明らかにした上で初めて、その当否を合理的に検討することが可能になる。ベールに包まれた中での裁判官ごとの偏りが温存されるよりも、その違いが明らかにされた上で統一の必要があるかどうかから検討する方が、法の取扱いとしては妥当であり、AI による大量の裁判情報を用いたプロファイルはむしろ裁判実務の質の向上につながるものであろう。

3　今後の展望

　最後に、フランスと日本の今後の展望を示しておく。

　フランス法は、ともかくも法令が整備され、裁判情報の全件原則公開の体制が整った。しかし、報告書でも課題とされていた仮名化などの自動処理技術が整備されたというわけではなく、現実には個人データの保護を必要とする中での全件公開は困難なのではないかという見方もできる。また、法令により仮名化や再識別を困難にするための秘匿措置の追加が裁判所所長等の判断によって行うものとされ、関係人もこれを請求できることになっているが、日々生み出される大量の裁判情報について、その多くがこうした実質審理を求められたのでは、データ処理のスピードが著しくそがれるおそれもある。

　この点は、日本における判決情報のオープンデータ化においても同様であり、言語体系の違いはあれども、当事者や第三者の仮名化、再識別困難とするための秘匿措置をそれなりのスピードで実現できるとすれば、日本における同種の試みに大きく参考となるところである。今後のフランスの実務の行方に注目したい。

第6章

金融業務のIT化とデジタル法貨・日銀システム

山田　剛志

Ⅰ　問題の所在

　2020年11月現在、民間企業であるフェイスブック（Facebook）社が独自のデジタル通貨リブラ（Libra）の発行を企画し、中国はデジタル人民元の実証実験を20年10月から深圳市で開始した[1]。

　中国先行を警戒して、日米欧の中央銀行は2021年度に中央銀行デジタル通貨（CBDC）の実証実験を始めると発表した。2020年10月9日、日銀はそれを受けて、2021年度の早い時期にも、民間や消費者が参加する実証実験を開始するとした。これは基本的機能を検証するフェーズ1とされる。その後民間事業者を加えて、パイロット実験までの実証実験が予定される。この際日銀は、①現金と並ぶ決済手段の導入、②民間決済サービスのサポート、③デジタル社会にふさわしい決済システムの構築を原則とし、あくまで現金と共存して、民間決済をサポートする姿勢だ。

　しかしデジタル人民元が先行し、利便性を高めた通貨として、国際資金決済の中核を担う可能性はある。また Libra の国内流通が進めば、金利調整等、金融政策の効果が及ばない事態も想定される。はたして、上記スケジュール通り、中央銀行のコントロールが継続するか、不明だ。中央銀行は時宜を早め、設計を変えることも予想される。

　2020年11月現在日本では、新型コロナウィルスによる社会・経済的影響が続いているが、紙幣や貨幣などもウィルス汚染の可能性があり、一気に現金通貨の流通に、大きな逆風が吹いた。他方で、コロナショックもあり、金利などが低下し、金融の機能不全が生じている。わが国でも、金融業の IT 化、決済業が FinTech という技術により他業種に拡大されるなど、進化が続いているとされる。拙稿[2]において、平成29年銀行法等改正法（以下 FinTech 法という）に基づき、FinTech 関連業務が銀行業務を

1）「デジタル元、導入大詰め、新型コロナも後押し——中国」時事ドットコム（2020年5月5日）（2020年5月6日閲覧）。https://www.jiji.com/jc/article?k=2020050500141&g=int

どう変えるかを検討してきた。その手法は、改正銀行法に従い、銀行業務の変容を明らかにして、FinTech 関連業務でどう変容するか、具体的に検討する方法である。その第1回目から第3回目までは、銀行の固有業務、付随業務、そして子会社によるその他周辺業務について、FinTech 法からみる銀行業務の変容を検討した。

　その第4回目は、その他 FinTech 関連業務を検討して、銀行業務への影響を検討した。第5回目は、その中でも仮想通貨交換業を中心に、銀行が取り扱う可能性に言及した。しかし、その検討の結果、あくまでも FinTech は、銀行口座が前提で、最終的に銀行口座を通じて現金化されるというシステムであることが確認された。そして、第6回は、平成30年6月に施行された平成30年改正銀行法で議論されているように、法定通貨がデジタル通貨となった場合（以下デジタル法貨という）、銀行業務がどのように変わるか具体的に検討した。

　本稿は、いわばその続編である。つまり、デジタル法貨が発行され、かつ国民に、マイナンバーにリンクした口座が日本銀行内に設けられると、銀行の破綻法制や決済機能の保全などがどのように変わるかを検討して、法解釈学をその手段として、その影響を推論し、思考実験するものである。その場合、現在は、銀行間は全銀ネットで送金されているが、それがブロックチェーンの仕組みを使い、インターネット経由で送金の指示を行い、大きな資金移動は日銀の中にある口座間で移動させるものである。本稿では、全銀システムに対応して、このシステムを日銀システムと呼ぶ。このようになれば、コロナ騒動時における10万円の特例定額給付金のように、名寄せや本人の申請などに関係なく、日銀内にある個人口座にデジタル法貨を入れれば、即座に対応できる。現状、居住する区域の地方自治体により、予算が執行されてから入金まで、数週間かかるなどということは、起こり得ない。

　日銀口座から専用アプリ（日銀アプリという）を使い、各自のリーダーや端末に入れることで、日銀からデジタル法貨が発行されることとなる。

2）山田剛志「FinTech 法からみる銀行業務の将来(1)～(6)」ビジネス法務2018年3月号～8月号参照。

　もちろん、現金という有体物がないので、新型コロナウィルスが猛威を振るい、現金を触ることにもリスクがある現状では、ウィルス感染の点に関しても、安全である。何より、現金にかかる業務がなくなり、現金に関する機器類（特にATM等）が不要となる。これは、日銀や市中銀行でも同様であり、各銀行はその人員を他に振り向けて、新たな業務に集中することができるはずである。

　本稿は、日銀法及び他諸法令の改正により、日銀が発行するデジタル法貨と国民に提供する預金決済口座制度、すなわちデジタル法貨、日銀口座、日銀アプリ（以下3つを併せて日銀システムという）に基づき、銀行制度がどのように変わるか、検討したい。

Ⅱ　デジタル法貨と銀行業務

1　平成30年改正銀行法による FinTech 業務

　まず、本稿では、平成30年改正銀行法に基づき、銀行業務がどの程度、銀行以外に解放され、かつ銀行業務が FinTech により、変容するかみていく。平成30年改正銀行法により、銀行の FinTech 化がさらに進展したといわれている。たとえば、銀行のアプリを立ち上げないで、フィンテック企業（以下 FinTech 企業とする）のアプリなどにより、銀行口座にある預金を移動させることが可能となった。それは、銀行の勘定システムへの接続を、外部企業へも解放する「オープン API」とよばれるシステムを整備するように努力する義務が、銀行法で規定されたからである。

　また平成30年改正銀行法は、電子決済等代行業制度を創設し、オープン API を手段として、銀行と FinTech 企業との協働（オープンイノベーションとされている）を進展させようとする[3]。

　まず、平成29年改正銀行法は、①電子送金サービス、及び、②口座管理サービスからなる「電子決済等代行業」を規定し、これらを営む事業者を「電子決済等代行業者」（2条18項）として、登録制とした（改正銀行法52条の61の2）。当該登録を受けるためには、一定の財産的要件や電子決済等代行業を適正かつ確実に遂行する体制の整備などが求められることとなる（同法52条の61の5）。2020年12月4日現在89社が電子決済等代行業者として登録を受けている[4]。

　「電子決済等代行業」とは、①電子送金サービス（改正銀行法2条17項1号）と②口座管理サービス（同2号）を行うものいう。電子送金サービスとは、コンピュータシステムを利用して、預金者より送金の指示を受け

3）波多野恵亮ほか「銀行法等の一部を改正する法律等の解説」金融法務事情2075号
　　（2017年）28頁以下参照。
4）https://www.fsa.go.jp/menkyo/menkyoj/dendai.pdf

て、これを銀行に伝達するサービスをいう。その業務を営む事業者は、典型的には、預金者からの送金指示を、更新系 API（振込 API）を利用して銀行に連携する者が想定されている。

　口座管理サービスとは、コンピュータシステムを利用して、預金者の委託を受けて、銀行から口座情報を取得し、預金者に提供するサービスをいう。これにより、電子決済等代行業を営む FinTech 企業に明確な法的位置づけが与えられる。銀行法は、銀行に対し、2018年 3 月までに電子決済等代行業者との連携及び協働に係る方針を決定し公表することを求めた（銀行法改正（平成29年法律第49号）附則10条 1 項、銀行の電子決済等代行業者との連携及び協働に係る方針に関する内閣府令）。

　しかし上記改正は、あくまでも銀行預金口座を前提に、FinTech 企業が銀行勘定系にアクセスして、為替（送金）業務を指示するという業務にすぎない。なお現状では、J-Coin などは、オープン API を前提に、アプリ上での J-Coin のやりとりを、アプリが銀行口座にアクセスして、口座間でデータ移動を行い、その残高に基づいて現金を引き出すことは可能である。このやり方では、現金を銀行の信用でデータ化し、その係数をいつでも法貨である現金に交換することを補償することで、資金の移動を可能としている。銀行が現金化を補償することで、現金が決済に介在する点で、デジタル法貨と異なる。

　デジタル法貨は、それに対し、データそのものが法貨なので、日銀が仮にアプリを公開し、そのアプリをダウンロードしさえすれば、そのアプリ上でデジタル法貨のデータのやりとりで、資金移動ができる。それを市中銀行に送れば、口座の残高が計数上表示されるし、決済だけなら、日銀内にある口座同士でデータのやりとりを行えば、残高の計数が移動するので、振替等ができる。全銀ネットを使わず、日銀システム上の移動となるので、セキュリティーも、ブロックチェーンの仕組みを用いれば、分散して台帳に記帳されるので、安全性も高い。

　もし、国家が発行するデジタル通貨がないと、国境を越える決済に中央銀行が関与しない決済システムが発生する可能性がある。次にその例としてFacebook 社が企画した Libra という制度を検討する。

2　Libra と国境を越えた決済

(1)　Libra 発行の目的

SNS 大手の Facebook 社が、100％子会社の Novi 社[5]を通じて、独自の通貨として、Libra を発行すると発表したが、その概要は、Facebook 社ホワイトペーパー（White Paper）[6]として、同社の HP 等に公開されている。本稿では、ホワイトペーパーに従い、Libra の法的性質を検討する。なお Libra は、加盟する企業との間で協定を結び、その協定に基づき、発行運用される予定という。多国籍間の中央銀行を通さない決済システムができあがる可能性があり、G20がこぞって反対した。

ホワイトペーパーは、2019年 6 月に公表され、その後2020年 4 月に改訂されたが、理念や目的、機能やガバナンス体制などが記載されている。ホワイトペーパーは、まず序論の中で、「インターネットの出現と大容量の伝送方式は、世界中の何十億の人々に、40ドルのスマートフォンを購入することで、高度に貞節があり（high-fidelity）良く整えられた情報、低価格でのコミュニケーションサービスを提供する。しかし約17億人もの成人——うち10億人が携帯電話を持ち、その半数がインターネットアクセスができるにも拘わらず——が伝統的な銀行システムから阻害され、その多くはインターネット以前のシステムに頼っている。」「しかしブロックチェーンシステムは、分散型台帳システムという独特の体系をとり、どの一つの存在も改ざんすることはできないが、オープンアクセスや暗号による安全性という特徴を持つ。しかし現存するブロックチェーンは、通貨の予想変動率や拡張性（scalability）の欠如により、中くらいの通貨交換性しか持たない。」とする。

そこで、新たに改良したブロックチェーンシステムに基づくテクノロジーで、確固とした法遵守性と規制の枠組みをもつ、分散型の体系、オー

---

5 ）https://www.novi.com
6 ）*Cf. 'Libra White Paper v2.0',* https://libra.org/en-US/white-paper/#cover-letter

プンアクセス、安全性を、通貨に与えることが可能となる。その結果、ア
ンチ・マネーロンダリング（AML）、通貨テロと戦う（Combating the Fi-
nancing of Terrorism（CFT））という目的を達成し、コンプライアンスを
遵守することが可能となる。商人、消費者、デベロッパーは、Libra ネッ
トワークの遵法性とネットワークにより、利益を得るであろう。金融分野
の技術の融合による技術革新は、規制当局、さまざまな産業を超えた専門
家等のコラボレーションにより下支えされ、持続的、信頼でき、安全な成
長が期待できる。そしてこのアプローチこそが、より低価格で、アクセスし
やすくより接続された世界の中で大きな飛躍をもたらすと述べている。

　特に、Libra が強調するのは、世界で17億人いるという銀行口座を持た
ない成人（人口の30％）が、新たな金融サービスにアクセスできること（金
融包摂）（Financial Inclusion）である。その結果、海外で出稼ぎする人が、
平均7％もの送金手数料を払わずに、家族に送金できたり、携帯でメッ
セージを送るのと同じように、簡単に送金できるという。現実に Face-
book 社は、ワッツ・アップ（WhatsApp）というアプリを使い、インドで
既に実証実験を始めているという[7]。

(2)　Libra の法的特徴

　次に Libra の法的特徴をみていく。Libra は、独自の暗号資産ではなく、
価値がドル、ユーロ、円などのいくつかの通貨に連動している。つまり、
通貨バスケットのシステムを導入している。この点代表的な暗号資産であ
るビットコインは、裏付けとなる資産がない。ビットコインは、需給のバ
ランスでのみ価値が決まるが、Libra は裏付けとなるドルや他の通貨建て
の預金、国債などの資産があるので、この点暗号資産とは異なる。その
点、Libra は価値に裏付けられる安定通貨（stablecoins）となる。しかし
G7 は Libra をはじめとする安定通貨には大きな懸念を示している[8]。

7）藤井彰夫＝西村博之『リブラの野望——破壊者か変革者か』（日本経済新聞出版社、
　2019年）70頁以下参照。

8）*Cf.* G7 Working Group on stablecoins *'Investigating the impact of global stable-*
　coins, A report by the G7 Working Group on Stablecoins, https://www.bis.org/cpmi/
　publ/d187.pdf（2020年5月8日閲覧）

Libra は、通貨バスケットの体制をとるため、特定の通貨に対して価値が急落したり、暴騰することもあるので、常に価値が安定というわけではない。

　暗号資産と Libra の法的特徴を比べてみよう。①価値の交換については、Libra は低価格で手軽な国際送金が可能だが、暗号資産は価値の変動が大きいため、決済手段としてはあまり普及していない。②価値の保存については、Libra は裏付け資産はあるが、特定の法定通貨に対して為替相場の下落はあり得るが、暗号資産は裏付け資産がないため、価格の急落や、暴騰があり得るので保存には適さない。③価値の尺度の機能は、Libra は価値が安定しているが、暗号資産は価値が乱高下するため、交換の尺度には適さない。

　つまり、暗号資産は裏付け資産がないため、投機の対象としてハイリスクハイリターンの金融商品だが、Libra の変動は小幅といえる。それに対し、Libra は裏付け資産をもち、いつでも他の通貨に交換可能で、そのためローリスクローリターンの金融商品といえよう。それでは、送金、決済に関する Libra の安全性、利便性はどうか。ホワイトペーパーは、以下のように説明する。

(3)　独自のブロックチェーン

　ブロックチェーンシステムは、周知のように、分散型台帳システムとよばれ、取引の承認のためにはネットワークの参加者がともに監視しながら、一定期間の取引履歴をデータの塊（ブロック）にして、鎖状（チェーン）につなげる。この取引形態が安全とされるのは、たとえ1カ所のサーバーにハッキングされても、他の複数の場所に分散して取引履歴が残っているので、書き換えられた場所が見抜かれてしまう点である。

　ポイントは、取引履歴の膨大なデータを鎖につなぐ承認作業には、独自のハッシュ関数と呼ばれる特殊な計算に基づき、膨大な計算を要する点である。これが、暗号資産であれば、マイニングと呼ばれる作業であり、鎖に格納されたデータを少しでも改ざんすると、それ以降の鎖は全て無効になるようにプログラミングされている。これを計算し直すのは事実上不可能なので、極めて不正防止に有効とされる。

Libra は、上記暗号資産のシステムを参照しながら、独自のブロックチェーンシステムを編み出し、多くの特許を有している[9]。すなわち、リブラブロックチェーンは、何十億人の日々の金融の必要性を満たす新しい国際的な支払システムを可能とする金融サービスの基礎として機能することを目的とし、現存するオプションの評価を通じ、以下の３つの要求を満たすブロックチェーンシステムを作る。すなわち、①何十億もの口座をもつ容量を持ち、その大きな取引を処理する能力（transaction throughput）を持ち、②待ち時間が短く、③効率的で高い容量を持った保管（storage）システムであり、資産と金融取引のデータの安全性を担保する高いセキュリティーであり、そして柔軟で、その結果将来の金融取引の発展に力を与えるようなブロックチェーンシステムである。

通常ビットコインなどのような暗号資産の基となるブロックチェーンは、開放型であるのに対し、当面の間 Libra は閉鎖型のブロックチェーンシステムである。つまり、ビットコインでは、誰でも技術的要件を満たせば、取引の承認参加者として、ネットワーク参加者となれるうえ、取引の承認がいらない（permission less）ブロックチェーンシステムである。これに対し、Libra は、取引の承認作業に拘わるのは、Facebook 社をはじめとする限られた企業群である。これは許可型、またはコンソーシアム型のブロックチェーンシステムであり、当初は有力な企業が加盟する Libra 協会がこれに当たる。つまり、暗号資産は中央銀行が管理する法定通貨と異なり、中心的な管理者がいない点が特徴であるが、Libra はブロックチェーンシステムを使いながら、中心的な管理者を置くデジタル通貨といえよう。さらにネットワーク参加者の３分の２が賛成すれば、取引が承認される方式を採用し、たとえ参加者の３分の１がハッキングされても、取引が正常に行われる仕組みであるという。

(4)　裏付資産と運用主体

Libra 発行のため、Facebook 社は、創立時28団体（目標100団体）の企業や団体と Libra 協会（Association）を発足させ（2019年10月）、加盟企

---

9) *Cf. Sec 3 The Libra Blockchain 'Libra White Paper' (fn6).*

業・団体に一定額（1,000万ドル以上）を供出させ、保管金（Libra Reserve）を創生した。その後 Libra 協会は参加者として取引を承認し、記録する役割（ノード）、及び保管金を管理する役割を負った。

　その後取引者が、仮に円を Libra に代えた場合、当該円貨は保管金としてそのまま準備金の中に保管される。つまり当初は、100％交換時の通貨・債権等が担保される仕組みである。しかし、預かった資産が目減りしたり、価値が減少したりする場合には、発行される Libra より裏付け資産が少なくなることは、容易に予想される。信用創造機能や金ドル交換停止など理解すれば、上記のリスクは想像されよう。

　なお、実際には Libra 協会は、直接利用者に Libra を売却せず、再販業者（実際には協会加盟業者）が口座を設けて、利用者はいずれかの口座を通じて、Libra を売却する仕組みという。再販業者は、公定価格のような価格で協会から Libra を買ったり、売ったりする。準備金は中央銀行の資産であり、Libra 協会は中央銀行、Libra 加盟者は銀行のような形で、取引者と取引をする。

　もし Libra 協会の準備金が保管する国債等の利息などにより利益を生めば、協会加盟者への配当が発生するという。そうなると、Libra 協会加盟者（例えば日本ではマネックスグループなどが加盟を申請しているという）は、中央銀行の評議員の類似の機能を持ち、取引を監視し、準備金などの資産を管理し、個別の取引者との取引により交換手数料を取得したり、送金手数料を取得する事が利益となろう。

(5)　電子的口座 Novi と情報の遮断

　Facebook 社及びホワイトペーパー作成者は、個別の取引者等には、Novi と呼ばれる「お財布用アプリ」を準備し、その中でデータのやりとりで決済ができる仕組みとした[10]。送金は、Facebook の中の対話アプリであるメッセンジャーなどで行い、相手のアプリの中に送金した Libra が表示される。低価格であり、即時の送金手段である。

10）https://www.novi.com（2020年10月26日閲覧）。従来カリブラと呼ばれていたシステムは2020年5月26日より Novi となった。

　一方、通常国際送金をする場合には、仕向人（送金者）と被仕向人がともに銀行口座を持ち、それぞれの銀行と取引のある銀行（コルレス銀行）が、送金を仲介し、非常に割高な手数料を支払って、送金する。このように海外送金は、SWIFT（ネットワークシステム）という仕組みを用いるため、処理が遅く、手数料もかかる。国内だと、銀行間は、全銀システムという送金システムが用いられるため、割高な手数料が課せられる。

　他方 Libra は、準備金の信用をもとに、閉鎖型ブロックチェーンシステムに基づき、国内の決済を行ったり、国境を越えた送金を容易に可能とするシステムなので、手数料が安い。なお取引者は、Novi を通じて、Libra 協会の参加者である仲介者との取引により、現地の法定通貨と交換できるし、将来的には Libra で国内の決済ができるという。仲介者は、いわば現存する銀行の役割を果たすこととなろう。なお不正行為により、Libra が毀損される場合には、預金保険的な機能が準備されている。このように、為替の変動リスクを抑えた国際送金には適したシステムといえる。しかし国内で流通するかは不明であり、Libra 建ての決済システムが国内でも構築されていないと、国内流通はない。

　なおこの場合、Novi の中には、取引履歴が全て残ることになるため、この情報は、Libra 協会の参加者にも、隔離されて遮断されることが必要である。国内であれば、個人情報保護法などが適用されるが、国際送金に関しては取引履歴も国境を越えて情報が移転するため、準拠法の関係もあり、調整が必要である。

　以上の通り、Libra は、暗号資産と比べて、種々の特徴があるので、競争するにはデジタル法貨が、Libra と同等か、それ以上の安全性を兼ね備える必要がある。2 の検討は、デジタル法貨の発行及び流通、日銀アプリ、日銀ネット等に大きな示唆を与えるものである。Ⅲで、Libra とデジタル法貨の機能を比較検討する。

Ⅲ　国が提供する金融サービス（日銀決済口座）

1　基本的仕組み

　続いて、Libra、暗号資産と比較しながら、日銀が発行するデジタル法貨の法的構造を検討したい。拙稿[11] で、デジタル法貨が日銀から発行され、さらに日銀内にマイナンバーにリンクした口座を１つずつ日本国民及び法人に認めると、その口座を通じて、国庫金の振り込みなどは、日銀が直接国民に振込をすることができる（日銀ネット）。そのため10万円の給付などに即座に対応できるのは、既述したとおりである。当該口座は、国民の経済生活に不可欠であり、国民一人一人に設けられるもので、振り込みなどの資金移動は、日銀の口座間で行えば良い。その手数料は、無料もしくは非常に低廉な費用で抑えられるべきであり、その結果、決済業務は基本的に日銀の口座間取引で行うことができる。なお、将来の収入を担保とする借入などは、市中銀行が行うので、市中銀行に口座を開き、金融商品の購入や預金等の投資は、銀行内で行う。つまり、投資をしない人は、金銭の出し入れ等は全てインターネットを介して、自らの資金を日銀がきめたアプリケーション（日銀アプリ）にデジタル法貨を入れる。デジタル法貨には、追跡効があるため、マネーロンダリングなどの犯罪防止には有効である。インターネット経由でのデジタル法貨のやりとりだが、基本的に参加者の一部にブロックチェーンシステム閉鎖型システムを用いて、分散して記帳することが考えられる。デジタル法貨を中心とする日銀システムの基本は日銀アプリだが、規格を統一したアプリや、家計簿機能、財務分

11）山田剛志「FinTech 法からみる銀行業務の将来(6)デジタル法貨と銀行」ビジネス
　　法務2018年 8 月号128頁以下参照。

析機能、分割支払など便利な機能を付け加えたアプリなどが、他社から有料でつくられる可能性はある。

　2020年現在存在する FinTech 企業のアプリは、基本的に、問題の所在（Ⅰ）に前述の通り、全銀ネットなどの銀行システムに依存しており、データの計数は基本的に価値を持たず、銀行口座と結びつくことにより、日銀券などの法貨と交換が可能である。しかしデジタル法貨は、データそれ自体が法貨のため、市中銀行口座と結びつく必要が無い。デジタル法貨は、中央銀行である日銀から発行されるデジタル通貨のため、発行体である日銀自体が国民に一口座を提供し、その口座から自らのスマホなどの日銀アプリ内にある時点で法貨を保有することになる。商店での支払は、日銀アプリ同士でのデジタル法貨の移動である。

　我々は、生まれてから紙幣や貨幣の資金を使う習慣がついているが、紙幣という有体物の不便性は、ウィルスの伝染だけでなく、ATM やキャッシャーなど、現金にかかるコストが大きいことに現れる。また現金強盗やマネーロンダリングは、紙という有体物が価値を持つことにより、追求効が中断され、完全な把握は困難となる。そこで、デジタル法貨の必要性が指摘される。紙幣は時々の最高の印刷技術を用いて発行されてきたが、カラーコピーなどの発達もまたすさまじく、偽造などの技術も発展してきている。偽造防止の観点からも、その時々で一番技術の発達したもので通貨をつくるべきである。デジタル法貨は、トレーサビリティがあり、偽造や資産隠しがしにくく、マネーロンダリングが困難である。あとは、紙幣への慣れの問題だが、わが国でもキャッシュレス決済が普及しているが、中国などでは、ほぼ紙幣は流通しない。スマホや専用リーダーの中に入っているデータが金銭の代わりをするが、慣れてくれば支障が無い。むしろ、ウィルス感染はいうまでも無く、おつりなどを気にする必要もなく、両替の必要もないデジタル法貨の方が便利である。法的には、リーダーの数字は既にそれ自体価値を持ち、即時取得は認められるだろう（民法192条）。計数に公示の機能を認めることは、会社法では、株式取引において株券が廃止された時点で当然のこととなっている。

　当初は、現金紙幣や貨幣も残るだろうが、だんだん消えていき、デジタル法貨だけが流通することになろう。中国では2021年にはデジタル人民元

が流通する可能性が高いという。この時点で、民業の圧迫が議論されるが、中国政府の政策遂行能力は、それを超えて促進されるだろう。

2　デジタル法貨の流通を支える閉鎖型ブロックチェーンシステム

　前述したように、現状資金を遠隔地の口座に移動させる場合には、多くの場合インターネットで自分の銀行口座にアクセスし、その銀行のシステムの安全性に依存して、自分の口座から資金を払い出し、それに振込指示を行う。その後、銀行間では、全銀ネットで資金の移動をデータに基づいて行い、受取人の銀行口座の残高が増えることで振り込みが完了する仕組みである（【図1】）。

【図1】現行の送金システム

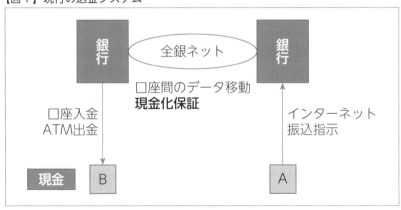

　しかし上記のとおり、デジタル法貨に関し全銀ネットに相当するのは、日銀内のシステムなので、現在さまざまな銀行のシステムが併存している状況よりも、遥かに安全だろう。もちろん、各利用者が日銀ネット内の口座にアクセスする場合には、インターネット経由となるが、そこでLibraのシステムを参考に閉鎖型ブロックチェーンシステムを用いることで、その安全性が、かなりの部分担保されるだろう。

　しかし、日銀内のシステムは、同一組織の中にある方が安全であり、プライベート型で製作され、1秒間に国民全体の資金移動を管理できる勘定エンジンを構築することが可能となろう。この場合プライベート型であっても、ブロックチェーンシステムはビットコインにより採用されたPOW（Proof Of Work）より進歩しているとされ、不正への対処方法はかなり進歩しているという。マイナンバーにリンクして、デジタルにした方が、取引履歴が明快になり、マネーロンダリングができにくくなる。紙幣がなくなれば、通貨に関する職員の仕事がなくなるため、数千名で国の威信をかけた中央銀行システムが組成可能ではなかろうか（【図2】）。

【図2】日銀システム（閉鎖型ブロックチェーン）

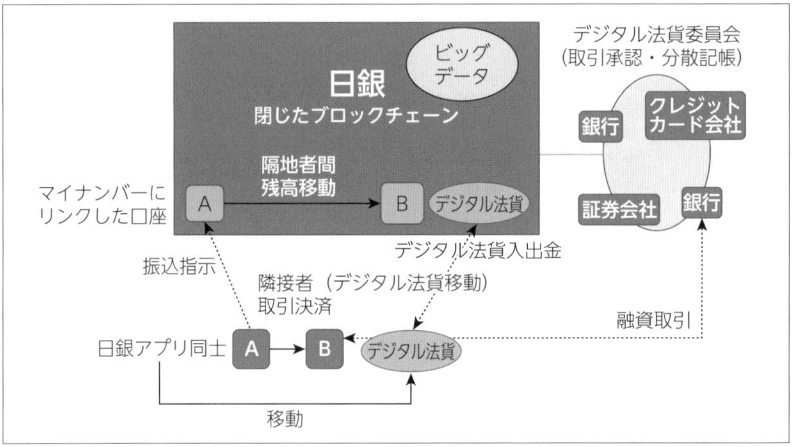

　分散型台帳は、設計により、①情報の連携・同期（共有）、②過去の履歴の保存、③低コストが特徴である。ブロックチェーンの技術自体は、筆者の専門ではないため、この程度の記述に留めるが、非常に低価格なサーバーで、強固なシステムが構築可能という。

　デジタル法貨の流通に関しては、Libraのように、デジタル法貨取引の承認作業に拘わるのは、許可された企業群である。つまり、デジタル法貨を承認するのは、許可型のブロックチェーンシステムであり、Libra協会に相当するような、金融機関群がそのような承認作業に当たるべきではな

いだろうか[12]。ここでは、コンソーシアム型を前提に議論したい。

　デジタル法貨は、中央銀行が管理するデジタル通貨である。分散して、独立した承認機関を持ち、日銀の信用が裏付けとなる通貨であり、Libra に関し検討した Novi に相当する日銀が発行するお財布の機能を持つ日銀アプリ（とその企画を持つアプリ）が国民の財布となる。デジタル法貨は、法貨であるので、強制的な通用力がある。つまり商店などが受取を拒否することはできない。その結果、日銀アプリが標準となり、取引が行われるだろう。本稿では、このような関係を隣接者と定義する。隣接者間では、日銀アプリ同士で、デジタル法貨移動が可能となる。これは取引の対価の移動である。日銀アプリにあるデジタル法貨は、いつでもインターネットを経由して、日銀内の自分の口座に移動できる。

　一方、デジタル法貨の流通に関しては、市中において、概ね日銀アプリ間でデジタル法貨が受け渡しされることとなる。概ねというのは、日銀アプリの規格を公開し、そのシステム上で決済をする業者等が参入する可能性があるからである。その場合、市中における日銀アプリを通じたデジタル法貨の流通に関しては、金融機関、クレジット会社の CRIN 参加者等が、いわば、デジタル法貨委員会を構成し、閉鎖型のブロックチェーンシステムを採用して、分散して記帳する仕組みをとるべきだろう。万が一ハッカーなどが日銀システムを破壊しても、デジタル法貨委員会が分散して記帳することにより、バックアップ可能な体制をつくることができる。

3　マイナンバーとリンクした日銀口座

　現実的には、日銀は金融機関を通じ、資金供給を継続するため、融資や預金・金融商品の買い取りなどの際に、顧客は金融機関内部の取引を記帳するために銀行口座を利用することとなり、個人取引は、主に日銀アプリ

12）分散型台帳の種類としては、①誰でも参加可能なパブリック型、②複数の参加者が管理を行うコンソーシアム型、③単独の中央管理者が管理を行うプライベート型がある（馬渕邦美監修、ビットバンク株式会社＝「ブロックチェーンの衝撃」編集委員会『ブロックチェーンの衝撃——ビットコイン、FinTech から IoT まで社会構造を覆す破壊的技術』（日経 BP 社、2016年）133頁以下参照）。

及び日銀口座を通じて決済を行うこととなる。技術的には現在日銀ネット
は、銀行と日銀間の資金の貸借を調整するシステムだが、このシステムを
個人にも開放し、さらにマイナンバーとリンクさせて、個人決済を確保す
る口座とすべきだろう。

　例えば、マイナンバーを持つ国民が、自らの日銀口座にリンクした日銀
アプリをスマホの中にダウンロードし、スーパーで買い物したとする。そ
の際スーパーは、法人として法人番号にリンクした日銀アプリをダウン
ロードし、買い物にかかる代金を、日銀アプリ内でデジタル法貨を移転さ
せる方法により決済できる。そのスーパーでは、いくつもレジがあるが、
デジタル法貨を使えば集計が即座に終わり、売上の合計が算出できる。さ
らに、そのデジタル法貨が会社内で集計され、場合により、スーパーの日
銀口座に預金として、資金移動される。この方法だと、現在はばらばらの
各電子決済の規格が統一され、JR・私鉄各社（Suica・PASMO）のように、
相互で利用が可能となり、現金を使うのと同じように、デジタル法貨には
日銀法に基づく、強制的な通用力が付与されることになる（日銀法46条 2
項参照）。すなわち「日本銀行が発行する<u>銀行券</u>……は、法貨として無制
限に通用する」（下線筆者）と規定されているが、銀行券を「<u>電磁的デー
タ等</u>」と改正し、解釈で紙幣も含まれるというように法改正すれば、法律
的な問題はクリアされる。

　以上の通り、デジタル法貨及び日銀アプリは、インターネットとブロッ
クチェーンの利用により、国民の間で全銀ネットを使わない決済を提供
し、同時に国境を越える SWIFT を使わず、インターネットとブロック
チェーンにより、安く、安心なシステムを提供する。これが日銀ネットで
あるが、他方全銀ネットを維持するには、振替手数料や口座維持手数料を
徴収しなければならず、これは利用者にとって負担である。低コストで、
安全確実な移動手段をもった口座が不可欠である。これが、デジタル法貨
を前提とする日銀内にある個人の銀行口座であり、日銀ネットである。

　デジタル法貨は、現金が消滅することによりさまざまなコスト減をもた
らし、現金に関する仕事を減らし、危険性を減少させる。個人間の割り勘
や資金移動は、その場で隣接者間の日銀アプリ同士でデジタル法貨を移動
させることで決済可能である。現金を前提とするキャッシャーも不要だ

し、両替の必要も無い。紛失も基本的にデータの紛失となり、現金よりも復旧が容易と思われる。現金にまつわる犯罪も減少するはずで、あとは人々の意識の問題、利用方法の工夫で、導入にかかる問題点はクリアできる。

　そのシステムが実現すると、デジタル法貨の使用履歴は、基本的に国民等の経済活動の記録であり、非常に価値が高いビッグデータとなる。現状、ショッピングポイントなどが、利用者の了解を実質的に取得せずに、他社へ売却する例があるが、**今後デジタル法貨の使用履歴は、より精度の高いビッグデータとなり**、その情報の濫用は大きな社会問題となるが、その規制はどうあるべきだろうか。

Ⅳ　デジタル法貨と個人情報取扱事業者

1　デジタル法貨と日銀口座差押等

　デジタル法貨を発行できるのは、中央銀行である日銀だけであり、それを個人が使用するには、民間銀行を経由することと平行して、日銀口座を個人や法人に解放して直接利用を認める方が、利便性が高い。いいかえると、この口座は多くの国民に、決済機能の利用を認めるものであり、その重要性はいうまでもない。現在は、メガバンクをはじめ、多くの商業銀行があり、仮に一つの口座が差し押さえられても、手形の不渡りを出した場合のように、銀行取引が停止されない限り、銀行口座の利用はできるし、さらに現金を用いれば、ATMで振込をすることもできる。しかし、個人が日銀に口座開設を認められ、国民全てがマイナンバーにリンクした銀行口座を持つようになれば、日銀口座を差し押さえれば、回収できる確率が極めて大きくなり[13]、逆に決済をめぐる利便性は大きく低下する。従って、民事執行法及び民事保全法に基づく差押、仮差押等の処分については、今より厳格で公平な手続により行われる必要があろう。

　このことは国税徴収法等に基づく、税金の強制的な収用の場合にも、当てはまるだろう。現状より厳格な手続が必要となる。通常、税金の徴収など行政行為は、自力執行力などの特徴を有し、裁判所の差押を通さずに、差押ができるが、日銀口座は全ての国民及び法人が保有する口座であるから、現行の民間銀行口座差押よりも、より資金を差し押さえできる可能性が高くなる。その結果、社会保険料の未払いや税金の滞納等があると、全て日銀の口座が差し押さえられることとなり、国民の資金移動の方法が著しく制限されることとなる。現状で税金等の回収を図るため、国税庁など

---

[13]　現状では、債権者は債務者の銀行口座が分からない場合、債務名義を用いて、住所地や取引先、勤務地などの情報により、推測で取引銀行の支店を特定し、裁判所を通じ差押命令を送達するが、残高が少ない場合回収は困難となる。

が銀行預金を一つ差し押さえるのとくらべ、個人の日銀口座を差し押さえることは、当事者の生活に与える影響は甚大である。民事執行法などの改正を通じ、自力執行力の議論を前提に、より厳格な運用が期待される。このように、デジタル法貨の保管口座である日銀内の口座は、全ての国民が保有するため、所在が公知であり把握が容易で、差押等の強制執行が極めて成功する確率が高いため、当該口座に対する強制執行等は、特別の配慮で考慮されるべきであろう。

2　デジタル法貨の使用履歴とビッグデータ

　デジタル法貨の使用履歴は、発行者である日銀及びデジタル法貨委員会に集まることが予想され、人々の購買履歴や資金の移動などが基本的に全て分かる仕組みとなる。このデータは、非常に重要な情報を含むデータであり、厳重な保護が必要である。デジタル法貨の使用履歴に関するビッグデータは、それ自体大きな価値を持ち、マネーロンダリング、企業の経済犯罪の証拠として、重要な意義を持つ。

　その観点からすると、日銀は個人情報取扱事業者（個人情報保護法2条5項）に該当するように思われる[14]。なお、個人情報保護法2条5項には、適用除外が規定されていて、国、地方公共団体、独立行政法人等は除かれる。しかし、この場合、日銀は、株式を上場しており、また利益を上げているため、適用除外には含まれないと解するべきであろう[15]。もちろん、日銀法を改正する場合には、その旨日銀法で規定する方が望ましいように思われる。

　問題は、むしろ、日銀やデジタル法貨委員会に集まるデジタル法貨の使用履歴を匿名加工情報（令和2年改正後個人情報保護法2条11項）にして、いかに個人を特定できないように、適切に利用させるかである。技術の進展により個人の行動や状態に関するデータは関心が高まっているが、デジ

---

14)　宇賀克也『個人情報保護法の逐条解説――個人情報保護法・行政機関個人情報保護法・独立行政法人等個人情報保護法〔第6版〕』（有斐閣、2018年）73頁以下参照。

15)　園部逸夫＝藤原静雄編、個人情報保護委員会『個人情報保護法の解説〔第2次改訂版〕』（ぎょうせい、2018年）82頁以下参照。

タル法貨の使用履歴は、ほぼ全ての人の購買記録であり、非常に価値の高い重要なビッグデータとなる。

　この場合、デジタル法貨の使用履歴は匿名加工情報として、利用者個人を特定できないように十分に注意して加工すべきであり、個人情報を復元できないように加工すべきである、とされる。デジタル法貨についていうと、使用履歴を匿名加工情報に加工する匿名加工情報取扱事業者（令和2年改正後個人情報保護法2条12項）が不可欠であり、場合により日銀本体か、厳重に監督された関連会社等が、個人が特定されないような形での匿名加工情報に処理しなければならない。その上で、必要な事業所に適切に販売等されなければならない。また同時に、重要な統計情報として、定期的に開示される必要がある。この情報は、日本国民の個人消費などの各種統計に重要なデータとなるが、非常に正確なデータの算出に寄与するだろう。

　またデジタル法貨の使用履歴は、そのままでは個人がどこでいくら資金を使ったか即座に分かるようなデータのため、犯罪捜査や税法上の調査にも極めて重要なデータとなる。これは匿名加工する前のデータであり、マネーロンダリングや経済犯罪などに対する、警察や司法警察などの捜査にとっても、重要な証拠となる。しかし、非常に正確なデータのため、これも令状や証拠収集手続など、裁判所などの厳格な事前審査が必要となる。逆に、デジタル法貨の使用履歴は、使用者の行動や購入履歴も分かるため、重要なプライバシー権の保護の対象となり、現在ある弁護士法23条照会（弁護士会照会）などの手続では、開示することが難しいこととなろう。

　同時に民間利用についても、ある人の購買履歴を分析すれば、新しい商品が出てきた際に、購入する蓋然性が高くなるため、極めて有用なデータとなる。また企業が新しく出店する際のマーケティングにも決定的に有用で、現在のように、特定のカード会社がポイント交換の履歴を有料で販売するのは、好ましくない。日銀及びデジタル法貨委員会には、国民の全ての取引履歴が集まることとなる。これは、個人情報保護法で極めて強固に保護される必要がある。

3　デジタル法貨と副次的効果

　本章では、近時急速に議論が進んでいるデジタル法貨[16]の考察をして
きたが、さらに2では個人（マイナンバー）及び法人（法人番号）と日銀個
人口座をリンクさせて、広く国民に決済口座を提供するべきという議論を
しているが、さまざまな副次的効果が考えられる。

　法人（例えば株式会社）で、主な決済口座を市中銀行から日銀口座に移
行させれば、どのような影響が出るか。仮に日銀口座のみで、決済を行っ
ていたとすると、損益がほぼ確定し、そのまま損益計算書が概ねできあが
る。そうなると、仮にその損益計算書が真実に基づいているという証明
（他に資金移動させていないという証明）があれば、ほぼ現実にあった計算
書類になる可能性が高い。しかも、経験則上、そのようにしてつくられた
計算書類が日銀口座の数字を正確に集計しているとすれば、真実に基づい
ているという結論になる。あとは資産の評価などが残るのみであろう。企
業にとっても経理部や会計監査にかかる費用を大幅に削減できる。そうな
ると、税務署の調査も、資金移動が真実に基づいているという証明があれ
ば、ポイントも絞られてきて、大幅に簡素化されるだろう。

　日銀口座は個人取引にも大きな意味を持つ。後述するとおり、日銀は破
綻しないといわれているため、確実な決済手法を取得する事となり、それ
は現状では閉鎖型分散型台帳システムで記帳されることで、安全性が担保
される。もちろん、個人の資金の利用などは当該日銀口座を集計すれば、
法人よりも簡単に家計簿ができることになる。しかしその情報は、極めて
プレイバシー保護の要請が高い情報であり、厳重に管理されなければなら
ず、容易に第三者に明かされるべきではないことは述べたとおりである。

　一方前述したデジタル法貨の使用履歴から、匿名加工されたビッグデー
タの分析により、多くの個人の購入履歴から、ある顧客にとって必要なも

16）呼び方はさまざまで、「中銀デジタル通貨」（植田和男「金融システムへの影響重
　　視」日本経済新聞『経済教室』（2020年5月19日）、「現金型デジタル通貨」中島真志
　　『アフター・ビットコイン——仮想通貨とブロックチェーンの次なる覇者』（新潮社、
　　2017年）などがあるが、同じ意味と思われる。

の（買いたいもの）が概ね絞られることとなるのではないか。このデータが業者に流れると欲しいもののリストが毎日提示されるかもしれない。買い物などの場所が縮小され、AI 等により解析されたビッグデータからの情報により、買い物はスマホから必要なものを発注するだけで、決済は日銀口座間のデータのやりとりで完結することとなる。このように、デジタル法貨は、情報の集積に大きく寄与し、その結果さまざまな副次的効果をもたらすこととなる。その中でも、破綻しないとされる日銀の中に、個人取引に安価で確実な決済口座が確保されることは、売買取引を裏面から支える機能として、極めて重要である。そのためには、決済機能を、市中銀行から日銀口座間のデータ移動に移すことにより、より決済機能の安定性を増すこととなる。デジタル法貨の使用履歴は、国民の経済活動の記録となり、経済的安全保障の対象となる。これらのデータが巨大 IT 企業らにより海外流出されてしまうと、国民の経済活動全般が外国政府や企業に把握されてしまう。例えば防衛省などの購買リストは、安全保障上極めて大きな意味を持ち、Libra やデジタル人民元で決済されるべきではない。そこで、銀行の決済機能を概ね日銀に移すことで、今後銀行の破綻処理法制がどのように変わるか、検討することとしたい。

V　預金保険の対象

1　預金保険機構による銀行救済と銀行取締役の注意義務

(1)　預金保険法に基づく銀行救済

　預金保険機構は、預金保険法に従い昭和46年に設立された特別法人である。もともと預金保険機構の業務は、当該金融機関破綻時に預けられていた預金の払い戻しを担保するペイオフ業務だったが、その後昭和61年に資金援助方式も加えられた[17]。その後バブルの崩壊により、多くの銀行が破綻し、信用制度自体が崩壊の危機にあったため、ペイオフコストを超えて、預金保険機構を通じて、金融市場の安定化のため、巨額の資金が投入された。その後1996年金融機関の破綻処理自体に、金融機関の特例を認める金融機関更生特例法が定められ、一般の会社更生法とは別の法体系で、金融機関の破綻処理が行われるようになった。その後2001年にこれらの緊急措置は、預金保険法の中で規定されるようになり、金融危機への対応、保険金の支払い（ペイオフ）、金融整理管財人、承継銀行への規制は全て預金保険法が対応することとなった[18]。すなわち、預金保険法102条1項により、資本増強（1号措置）、特例的資金援助（2号措置）、危機管理銀行（3号措置）が規定され、保険金による資金援助も規定された。このことにより、預金保険法は破綻処理だけでなく、金融機能強化の基本法とし

17）山田剛志『金融自由化と顧客保護法制』（中央経済社、2008年）194頁以下参照。なお、平成8年の住専問題処理をはじめとする金融機関関連3法が成立し、早期是正措置が導入された。その際預金保険法改正で、ペイオフコストを超えて、資金援助を可能にした点が重要である。その後金融安定2法により、預金保険機構からの資金援助をさらに拡大した。

18）一松旬＝細川明子「金融機能強化法および改正預金保険法の概要」商事法務1704号（2004年）12頁参照。

て、位置づけられてきた[19]。つまり、金融機関は現状、民事再生法、会社更生法とは別に、預金保険法により、破綻処理が行われるような体系である。

(2)　銀行取締役の注意義務と責任追及訴訟

それに対応して、会社の取締役の注意義務について、特別の扱いがなされてきた。すなわち、取締役の注意義務違反の判断には、法令違反型と経営判断型があり、経営判断原則は、後者に適用される。わが国では、裁判所は取締役の判断内容を審査する。しかし以下の一定の要件を備えたときに、裁判所は事後的に経営者の判断内容には踏み込まないという原則を意味する。すなわち、①当該事項が経営上の専門的判断に委ねられた事項であること、②意思決定の過程に著しい不合理性がないこと、③意思決定の内容に著しい不合理性がないことである。取締役の善管注意義務違反を巡る責任追及訴訟には、経営判断原則の適用があり、判断の過程が適切で、結果が著しく不合理でなければ、裁判官は取締役の経営判断の当否に踏み込まないのが、判例だった。

それに対し、銀行が破綻した場合に、(旧)整理回収機構(RCC)による銀行取締役の責任追及訴訟は、裁判所は事後的に判断内容に踏み込んで、その当否を判断する。銀行取締役の責任追及訴訟においては、前記の判例理論に該当しない判決群が集積する。それらの判決は、1990年代後半に銀行など金融機関(信用組合などの小さな金融機関が多い)が破綻したが、その経営を引き継いだRCCが、元経営者に銀行を破綻させた融資審査を巡る経営責任を追及したものである。これらの判決は、原告はRCC被告は元取締役であり、融資判断に関する資料は全て原告の手元にあるという点に特徴がある。

そのなかで、拓銀(北海道拓殖銀行カブトデコム)事件[20]がある。破綻の原因となった融資の焦げ付きについて、裁判所は巨額の融資を行うことは、特に慎重な判断を必要とし、融資の危険性を回避する方策を検討され

---

19) 山田・前掲注17) 200頁参照。
20) 最判平成20・1・28判時1997号148頁参照。

た形跡がない、銀行取締役に一般的に期待されている水準に照らし著しく不合理といわざるを得ず、被告等は銀行取締役としての忠実義務、及び善管注意義務に違反すると判示している。このように、判決は銀行取締役の責任追及訴訟においては、銀行取締役の融資判断に裁判官が事後的に介入し、善管注意義務違反があるか、判断している。背景には、破綻した銀行処理に、巨額の公的資金が使われたことがある[21]。

　現在破綻した銀行の処理に関するスキームは整備され、予備的な検査方法が確立して、金融機関の破綻が容易に起きないような仕組みが確立しているので、同種の訴訟は提起されていない。判決群というのは、破綻した金融機関に複数の責任追及訴訟が提起され、判決が下されている状況を指す。それら判決は、民事事件であるが、公的な機関（RCC等）が原告となり、被告は旧経営者、証拠は概ね原告である金融機関の元にあるという特殊な事例である。その基準は、本文で述べたように、一般の取締役の責任追及訴訟とは異なり、より厳しい規範を定立し、事後的に融資を認めた判断内容にまで裁判官が踏み込んで判断している。この種の訴訟は、いわば民事罰のような働きをして、民事事件と刑事事件の中間的な意味合いをもつように思われる[22]。これが今の判例法理である。これが、デジタル法貨が導入されるとどのように変化するか。

21）銀行取締役の責任追及訴訟は、歴史的にみると、バブル経済の生成と崩壊に密接に関連する。すなわちわが国では、1990年代にバブル経済が崩壊すると、地価や株価が下落し、融資の担保が減少し、多額の不良債権が発生した。その結果多くの金融機関（銀行や信用組合など）が破綻し、その処理に特別法（金融関連諸法など）が制定され、数十兆円もの公的資金が投入された。

　　アメリカでも1920年代と1980年代にバブル経済がおき、その後崩壊に伴って、公的資金が投入され、整理回収機関（RTC）が設立され、同様の処理が行われた。わが国の法制は、アメリカの法制度の影響を受けている。

　　その後わが国では、整理回収機構（RCC）が設立され、破綻した銀行の経営を引き継ぎ、RCCが原告として旧経営者の責任追及訴訟が提起された。その中には多くの弁護士が勤務しており、破綻した金融機関の処理に際し、その一環として、複数の責任追及訴訟が勤務する弁護士等により、提起された。

22）私見によると、この判例が銀行取締役一般に有効とすると、銀行取締役は融資が回収不能になると、営業されている融資判断をした内容にまで立ち入って裁判官が判断することになり、極めて厳しい責任追及が行われることとなり、妥当ではない（「四国銀行株主代表訴訟」（最判平成21・11・27判時2063号138頁参照）。

2　デジタル法貨の発行と銀行取締役の注意義務等

　以上みてきたように1990年代に公的資金を使った銀行救済があり、その後銀行取締役の責任追及訴訟がかなりの数、提起された。その後同訴訟は落ち着き、責任追及訴訟はみられなくなったが、アメリカではバブル崩壊の経済危機と銀行破綻と2回おき、その後公的資金を注入することで、銀行取締役の責任追及訴訟群が同じ構造で起きたものである。なぜ銀行に公的資金を投入してまで、保護する必要があるか、筆者は別稿で検討したが、公共性は概ね信用システム、つまり決済保護に起因すると考えるべきという結論に達した[23]。

　本稿で検討してきたとおり、デジタル法貨を前提に日銀口座を国民に解放するシステム（日銀システム）では、現状無制限に保障されている決済資金は同システム内で完全に保護されるべきであり、商業銀行は預金保険による全額保証という決済という信用システムから切り離すべきである。つまり決済機能は全て日銀ネットの中で完結し、金融機関の預金は主に定期性預金、使途は融資運用、預金の他投資信託などは投資と理解し、公的資金による救済の対象から外すべきだろう。金融機関は、例えば1,000万円まではそれぞれ預金保険、証券投資者保護基金、保険契約者保護基金などの保護は受けるが、それ以外は、特に銀行自体の救済の必要性は原則不要と思われる。

　銀行は早期の検査により、経営安定化に努めるべきことはいうまでもない。しかしコロナ禍の際、救済融資や公的融資の場合には、延滞率や貸倒率が、通常の融資よりも高いことが予想される。その場合、融資貸倒の責任が銀行取締役の注意義務で責任追及されて良いか、再考が必要だろう。もし銀行の破綻処理のために公的資金を入れなければ、銀行取締役にも、通常の経営判断原則の適用を認めて、一般の取締役の注意義務と同じ義務を認めるべきだろう。そうすることで現在銀行は通帳発行費用などの有償

23）山田・前掲注17）243-247頁参照。なお、コリガン（Corrigan）氏及びアスピン（Aspin）氏の議論によると、銀行は取引（決済）口座、流動性の保証、及び金融政策の伝達手段があることが特別な地位と理由付けされる。

化をすすめ、融資取引、金融商品購入など手数料収入を望めない顧客の取引を不採算を理由に縮小している。デジタル法貨が発行されると、ATM設置費用がなくなり銀行は手数料収入を見込めない顧客との取引を制限して、収益性の向上を図ることができる。

　他方、一般の預金者は、送金や決済（公共金利金）などは全て日銀口座を通じて行うことができ、定期預金、積立、投信購入などを除き銀行との接点がなくなるだろう。

　その様な状況では、銀行取締役の注意義務の判例法理も変容せざるを得ないように思われる。

Ⅵ　結びに代えて

　デジタル法貨及び日銀決済システムは、現金を不要とし、現金を前提と
した社会に変革を迫るが、それに伴い大きな情報集約システムを発生させ
ることが予想される。**個人や法人間の資金決済は日銀システムを使い、具
体的に対面は日銀アプリ内でのデジタル法貨の移動、隔地者では日銀口座
間のデータ移動となり、それらは分散型の台帳システムにより、閉鎖型の
ブロックチェーンシステムで保管されるべきだろう。**そこで集積される
データは、個人情報保護法で厳重に保護される必要があり、活用される場
合には、匿名加工情報として、個人が特定されないように加工されて、利
用されるべきであり、その結果、新たな情報産業や流通システムにまで影
響を与えるだろう。

　一方銀行は、主に投資型資金を運用し、融資する企業として、公的な決
済から外れ、銀行法の改正により、業務範囲の縛りが減り、思い切った経
営改革により、新たな業務を生み出すことで、新しいサービスを生み出す
ことが可能となるだろう。例えば地銀は地域企業の営業代行や総合営業推
進アドバイザーとして多くのニーズがあるだろう。デジタル法貨及び日銀
システムにより、決済は商業銀行及び全銀システムから概ね切り離され、
預金保険法による救済制度や銀行取締役をめぐる判例は、修正を余儀なく
されるだろう。その際銀行取締役の注意義務を高度にすることで、取締役
の判断を萎縮させるべきではない。

　上記みてきたように、デジタル法貨は、法貨として強制的な通用力を持
ち、他の電子決済通貨とは決定的に異なる。コロナ禍による社会の変化に
より、現金に対する人々の意識が変化し、脱現金に向かうことは、より通
用力のあり、規格が統一された日銀ネットの普及を後押しするのではない
か。Libra が国境を越えた取引に用いられることが予想され、中国人民元
がデジタル化されると、世界的に見て、日本の円が取引にとって非常に大
きなハンディとなってしまう可能性がある。もちろん、決済が銀行から切

り離されることで、銀行の地位は低下するか、民業への圧迫が指摘される
だろうが、銀行はむしろ公的な規制から自由になることで、より競争力の
ある企業へ成長しうるのであり、そのための可能性を摘み取ることはむし
ろ得策ではない。民業の保護を理由に、いたずらに改革を遅らせること
は、国民生活にとって大きな損失であろう。極めて低廉な負担で、破綻す
ることがなく、通用力のある通貨として、日銀システムに基づくデジタル
法貨を発行することで、現金をめぐる業務に従事していた日銀職員等を、
システム開発・保全など新しい分野に振り向けることが可能となる。その
ことで、日銀はより安定的な法貨を提供し、日銀アプリに基づく堅固な日
銀システムを構築することが可能となり、IoT 時代の決済として、国民生
活に資するものとなるであろう。デジタル人民元や Libra の開発スピード
をみると、円がデジタル化、デジタル法貨に移行するのに、それほど時間
は無い。なお全銀システムに変わり、デジタル法貨と日銀システム、日銀
アプリで国内の資金移動、決済及びそれに基づく法体系は大きく変わる
が、Libra による送金システム等を参照して、新しいテクノロジーで
SWIFT とよばれる銀行システムに基づく海外送金がどう変わるか、具体
的な検討は今後の課題としたい。

＊本稿脱稿後2020年12月１日に Facebook 社は、反対の強かった Libra 構想を撤
　回し、デジタル通貨「Libra（リブラ）」の名称を「Diem（ディエム）」に変
　更すると発表した。これは中央銀行からの反発が強く、通貨バスケット型か
　ら、ドル連動型に変更したものとされる。しかし、本稿で検討した通貨バス
　ケット型はデジタル通貨を検討する上で有効な試案であり、本稿ではそのま
　ま通貨バスケット型の Libra に基づく検討を参照に議論を進めた。

第 7 章

AI のある生活を支える ICT とエネルギー

松田　祐毅　　佐藤　聡

はじめに

　筆者（松田。以下同）は現在日本瓦斯株式会社というエネルギー会社において ICT 他技術全般を統括している立場にあるが、前職までは所謂 IT 会社に所属しており、特に前職では2012年頃から AI と IoT を効果的に活用するためのプラットフォームを開発するベンチャーを営んでいた。2013年頃にとある友人からディープラーニングのベンチャーを営んでいる新進気鋭の社長と引き合わせてもらい初めてディープラーニングの存在を知った時の衝撃を今でも鮮明に覚えている。そこからすでに 7 年の月日が経ちディープラーニングも目を見張る劇的で驚異的な進歩を遂げてきている。日常生活の様々なところで AI という言葉を聞くようにもなってきた。

　しかし AI の進化は目覚ましいものの、筆者自身現在の AI は理想的な AI に至るまでの過程と認識しており、本章では一般の人たちが認識している所謂 AI の中でも、身近に触れられる部分においての AI を中心に論述する。また同時に現在 AI と呼ばれている技術や定義の多くには多様な意味を含んでおり、一概に AI という言葉を取り扱うことは乱暴であり、別な言い方をすれば AI と呼べない物も少なからず存在し、また実際に AI と呼べる物においてもディープラーニングの分野に絞られることが殆どである。故に他の執筆者とは異なり本章の対象は理想的な AI（例えば人格を持っているとか、強い AI とか、汎用 AI として呼ばれている AI）では無く、その理想的な AI、強い AI に至る途中の AI、特にディープラーニングについての論述になる。

　AI の歴史については次の I で詳しく述べるとして、簡単に現在の AI について位置づけを説明すると以下の様になる。

AI（人工知能）＞ ML（マシーンラーニング）（機械学習）＞
NN（ニューラルネットワーク）＞ DL（ディープラーニング）（深層学習）

【図表 1】AI から DL までの集合図

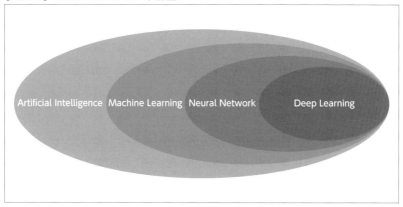

一番大きな AI という定義は概ね "強い AI" とか "AGI（汎用 AI）" と呼ばれる技術で、次に大きな定義は ML（機械学習）と呼ばれている。最後に位置づけられているのが DL と記載されることの多いディープラーニング（深層学習）である。改めてここでは正確な AI の姿や方式論というよりも、事業会社でコンシューマエンドユーザにサービスを届ける視点、且つ IT/ICT のシステムからの視点で論述してみることにする[1]。また少ないページ数での論述展開であるため、数値根拠は示すものの概論的に展開しているため詳細な論拠については、脚注を参考にしていただきたい。

1）本稿は、全て筆者の個人的な意見であり、筆者の属するいかなる団体の見解を示すものではない。

Ⅰ　AI のある生活

　筆者（松田。以下同）の年齢だと AI や人工知能という言葉を耳にすると
とナイトライダー[2]のキットとか、ドラえもん[3]など子どもの頃に見聞
きした AI を思い出すが、実際に AI が実生活に溶け込むとどうなるのか
まず見てみることにする。様々な形のロボットにも当然 AI が現在も搭載
されているが、人型ロボットと AI の話にしてしまうと仕事や生活の全て
をロボットと AI がこなしてしまう話になってしまうので、近未来2030年
〜2040年頃という設定である程度人間が作業をする前提で話を進めてみ
る。

　午前 6 時57分目覚ましの音。セットしている午前 7 時ちょうどよりも少
し早めに目覚ましが鳴り、目が覚めた。睡眠中に自分の REM[4] と non-
REM[5] 睡眠サイクルを振動センサなどで測りながら AI が毎朝最適な起
床時間を割り出しているので、セットした時間の少し前に目覚ましが鳴る
ことが多い。目覚まし音に併せて太陽光ライトが徐々に明るくしてくれて
スムーズな目覚めを促してくれる。目覚ましと連動して自動でチルト（傾
斜）したベッドから出て、洗面所の鏡を見ると今日の健康状態がハーフミ
ラーに表示されていた。寝ている間にミリ波レーダー[6]で取得した心拍

2）1982年から1986年にユニバーサルスタジオで制作されアメリカや日本で放映された
　　特撮テレビドラマ。
3）藤子・F・不二雄による日本の児童漫画・SF 漫画作品、及び、作品内に登場する
　　主人公の名前。
4）Rapid Eye Movement の略。急速眼球運動睡眠とも呼ばれ、REM 睡眠とも表記さ
　　れる。
5）non Rapid Eye Movement の略。急速眼球運動を伴わない睡眠はノンレム睡眠、ま
　　たは徐波睡眠（じょはすいみん）と呼ばれる。
6）睡眠時の 1 mm 以下の動作でも洋服の上から検知できる24GHZ 帯のレーダーの事。
　　例えば、酒井啓之ほか「ミリ波レーダを用いた非接触心拍センシング技術」パナソ
　　ニック技報63巻 1 号（2017年）40頁〈https://www.panasonic.com/jp/corporate/tech
　　nology-design/ptj/pdf/v6301/p0108.pdf〉。

や目の動きから健康状態を把握し、さらに毎日の気圧変動、天気、気温などから今日の健康状態に即した注意やアドバイスを AI が教えてくれる。今日の健康状態は上々の様だ。

　今日の予定は午後に仕事のアポイントメントが 1 つだけ入っているので、朝食の後娘を幼稚園へ送りに出かけることにした。幼稚園の前で娘と別れ幼稚園を後にして帰宅しようとすると私のスマートウォッチに妻から「いいね！」のメッセージが来た。妻はまだ家にいるのだが私たちが幼稚園に到着したのを AI が GPS[7] で確認し、妻に知らせた様だ。

　幼稚園から自宅に戻り今日の打合せで使う書類を書きあげようとデスクに向かいパソコンで会社のアプリを立ち上げると、今日の作業一覧が表示されているが各作業のタイトル前にある書類のアイコンが全部緑色になっており、AI が全ての作業をすでに実行してくれているのがわかった。仕事はボットと AI が自動実行しているので、事務作業や定型業務は基本的に無くなっている。もちろん面倒な経費精算もクレジットカードや電子マネーからの情報を受け取って自動精算されているので楽だ。

　11 時になり打合せに出かけた、さらに打合せの後に先方とランチになったのだが、先方のオフィスの場所と先方の好みに合わせてレストランが予約されている旨メッセージが入った。打合せの途中で私がパーソナル AI コンシェルジュにランチの予約をお願いしていたのでスムーズにランチが出来た。

　午後になり帰りの道すがら幼稚園帰りの妻と娘と待ち合わせてスーパーにショッピングに向かう。時間はまだ 3 時だ。食品在庫全てを冷蔵庫自体が庫内を撮影して情報を取り、AI が分析して発注品を決め、ブロックチェーンを使ったスマートコントラクトで自動発注してくれているので自分で買物をする必要はない。最近はスーパーには概ね目で楽しむ目的で来ることが多い。近所の小さなスーパーだがここもほぼ無人で、入店の際には顔認証されている。さらに店内に多数配置されたカメラで手に取った品

7）GPS：Global Positioning System の略で、概念的には GNSS の一部で米軍が開発した物。
　GNSS：Global Navigation Satellite System（全球測位衛星システム）の略で、衛星からの電波を専用装置で受信することにより、装置の位置情報が得られる仕組み。

物をモニターされているので、精算するにもレジが一台もなく、棚から取った物を自分で袋に入れてそのまま退店出来る。退店するとすぐにメッセージとしてレシートがスマートフォンに送られてくるので、金額が合っているか確認しただけだ。今日は娘用の大きなおもちゃを買ってしまったので車で帰宅と思い、スマートフォンのアプリで自動運転のタクシーを呼んで帰宅した。最近では自動運転もレベル 4 やレベル 5[8)] が当たり前になっているので、運転手がタクシーに乗車している事もだいぶ減ってきた。

　帰宅後に最近参加した近所のボランティアの活動に出ることにした。今はほとんどの事務作業を AI がやってくれていてプライベートな時間を多く取ることができているので、近所のコミュニティやボランティアグループに対する貢献が仕事としても評価されることになっている。この参加度合いや貢献度によって地域限定仮想通貨が支払われ、この仮想通貨でさらに買物が出来るので法定通貨を使う事が徐々に少なくなってきた。

8）自動運転のレベルを表す。レベル 0（ドライバーが全てを操作）から、レベル 5（場所の限定なくシステムが全てを操作）まで存在。

Ⅱ　AIの定義と進化

　前述の様な新しい暮らしや働き方を提供してくれる AI であるが、AI の定義や進化の歴史などについて少しだけ触れておこう。

1　AIの定義

　AI＝人工知能の定義は多種多様で、専門家の間でも【図表2】の様に共通認識が形成出来ていない。そもそも人間の知能とは何かが解明されていないうえに、それをさらに「人工的」に実現しようとしているのだから定義は難しい。筆者（佐藤。以下同）は「人工知能は蜃気楼である」と認識している。人のような知能を持つ機械を作り出すことは多くの技術者にとっての夢であり、砂漠で遠くに見えるオアシスである。それを見るだけで「ついに人工知能が実現されるのでは⁉」と期待してしまう。しかし、その技術が活用され、研究が深まって行けば行くほど、本来求めていた「人工知能」は遠ざかってしまう。そこでは別の技術が発見される。今回は「ディープラーニング」がそれだ。もう発見されてしまった。しかし、安心して良い。しばらくしたら遠くにぼんやりとまた「人工知能」が見えてくるはずだ。今の人工知能は本来の定義とは別に、ディープラーニングによってもたらされる技術全般を指していると考えよう。

2　AIの進化

　AI という言葉自体は1956年7月から8月にかけてダートマス大学で行われた国際的な研究発表会（いわゆるダートマス会議）で、主催者の一人であるジョン・マッカーシーによって命名されたとされている（ただし、AI の概念自体は1947年にアラン・チューリングによって提唱されている）。今思えば恐ろしく楽観的な予測なのだが、天才たちが集えば、そのひと夏で人

【図表 2】専門家による人工知能の定義

氏名（所属）	人工知能の定義
中島秀之（公立はこだて未来大学学長）	人工的につくられた、知能を持つ実体。あるいはそれをつくろうとすることによって知能自体を研究する分野である
西田豊明（京都大学大学院情報学研究科教授）	「知能を持つメカ」ないしは「心を持つメカ」である
溝口理一郎（北陸先端科学技術大学院大学教授）	人工的につくった知的な振る舞いをするもの（システム）である
長尾真（京都大学名誉教授、前国立国会図書館長）	人間の頭脳活動を極限までシミュレートするシステムである
堀浩一（東京大学大学院工学系研究科教授）	人工的につくる新しい知能の世界である
浅田稔（大阪大学大学院工学研究科教授）	知能の定義が明確でないので、人工知能を明確に定義できない
松原仁（公立はこだて未来大学）	究極には人間と区別が付かない人工的な知能のこと
武田英明（国立情報学研究所教授）	人工的につくられた、知能を持つ実体。あるいはそれをつくろうとすることによって知能自体を研究する分野である（中島氏と同じ）
池上高志（東京大学大学院総合文化研究科教授）	自然にわれわれがペットや人に接触するような、情動と冗談に満ちた相互作用を、物理法則に関係なく、あるいは逆らって、人工的につくり出せるシステムを、人工知能と定義する。分析的にわかりたいのではなく、会話したり付き合うことで談話的にわかりたいと思うようなシステム。それが人工知能だ
山口高平（慶應義塾大学理工学部教授）	人の知的な振る舞いを模倣・支援・超越するための構成的システム
栗原聡（電気通信大学大学院情報システム学研究科教授）	工学的につくられる知能であるが、その知能のレベルは人を超えているものを想像している
山川宏（ドワンゴ人工知能研究所所長）	計算機知能のうちで、人間が直接・間接に設計する場合を人工知能と呼んでよいのではないかと思う
松尾豊（東京大学大学院工学系研究科准教授）	人工的につくられた人間のような知能、ないしはそれをつくる技術

（出所：松尾豊『人工知能は人間を超えるか──ディープラーニングの先にあるもの』（KADOKAWA、2015年）45頁より）

工知能の基礎を確立できるだろう、と考えられていたのである。それまで四則演算しかできないと思われていたコンピュータによって、数学の証明問題が解かれるなどの成果が発表され、第一次 AI ブームへと繋がっていく。特に、1957年にフランク・ローゼンブラットにより考案された単純パーセプトロンは、ニューラルネットワークの一種で学習能力を持ち、60年代に爆発的なニューラルネットワークブームを巻き起こすが、ダートマス会議の主要な参加者であるマービン・ミンスキーらによって、その限界が指摘されると同時に過度な期待が急速にしぼんで AI 冬の時代を迎えることとなる。その後、ファジー理論やエキスパートシステムの発展、多層パーセプトロンの進化等による第二次 AI ブームが到来するが、洗濯機にAI が組み込まれた、というあたりで再び厳しい AI 冬の時代が訪れる。現在の AI ブームは第三次 AI ブームとも呼ばれており、その中でもニューラルネットワークは着実に進化している。2006年にカナダのトロント大学教授のジェフリー・ヒントンによって大きなブレークスルーがもたらされた。後にディープラーニング（深層学習）と呼ばれる手法である。ヒントンらのチームは、2012年に同手法を用いて人工知能研究の１つのベンチマークである大規模画像認識コンペティションに参戦し、それまで年に１％程度の精度向上が見られるだけだった分野で、実に10％もの精度向上を果たして優勝する。ここから、あらゆる問題に対してディープラーニングの適用が進み、そのほとんどでそれまでの最高記録を上回る性能を出すこととなった。背景には①アルゴリズムの進化、②主に GPU による計算能力の進化、③豊富なデータ量確保、があると言われている。ディープラーニングは、大量のデータを強力な計算パワーを用いて学習することで、そのデータが持つ特徴を生成することが出来る。例えば、画像認識を行う場合、その画像に写っているものが何かを見分ける特徴を捉えるように学習すれば良い。発想力とデータ、計算機パワーによって様々な分野での応用が広がっている。例えば、特徴を捉えられたら、その特徴を持ったデータを生成することで AI によるデータ生成が可能になる。AI が生成したデータを別の AI で本物と偽物の区別することで、より本物に近いデータを生成する AI が構築される。製造業では、検査員（＝人）が製品の外観検査を行っていることが多いが、傷を学習した AI を用いることで

人の負担を減らすことが出来る。加工装置のデータを学習し、装置の健康診断をすることも出来る。正しく使えば応用は無限である。

3　強い AI・弱い AI

　現在の AI は、様々な産業で素晴らしい技術革新をもたらしていることは確かである。しかし、これはダートマス会議で議論されていた AI なのだろうか。人間と同等の知能を持つ機械、人のように思考する機械、人と自然に会話する機械、そのようなものが出来たのか。今まで見てきたように、今の AI は入力を上手く変換して、何等かの役に立つ情報に変換する機械である。そのような入力から出力への変換を「推論」と呼ぶことがあるが、だからといって、その機械が知能を持っているとは言えない。今の AI は、人間の知的活動の一部を単純に模倣することは出来る。極めて単機能であり汎用性は無い。囲碁のチャンピオンに勝てても同じ AI で犬と猫の区別は出来ない。翻訳が出来てもその AI が素晴らしい小説を書くことは出来ない。そのような AI を「弱い AI」と呼ぶ。対極には「強い AI」がある。明確な定義をすることは難しいが、「汎用的で」、「何らかの自意識を持つ」ものであると言われている。つまり、これが蜃気楼ではない本当の人工知能の姿だろう。

Ⅲ　AIの活用例

　AIが仕事を奪う話しはⅦで詳細に記述するとして、ここでは一般的に言われている「なぜAIが仕事を奪えるのか」の話から、AIが次第に浸透すると仕事がどう変わるのかを幾つかの例を挙げて論述したい。AIが仕事を奪うと言われている対象は事務職などの手続管理や目視検査等の単純作業をしている職種が多いのではないかと筆者（松田。以下同）は考えている。

【図表3】エネルギー会社のシステム模式図

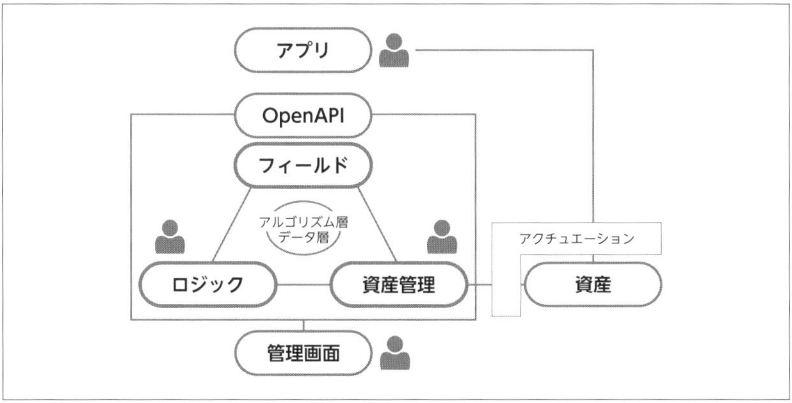

　【図表3】はエネルギー会社のシステムを非常に簡素化して書いた模式図である。中央上の「フィールド」の意味は、営業、配送、保安や検針など実際に顧客接点や物理的な資産へ作用する仕事を持っている部署である。左下の「ロジック」の意味は所謂本社機能で、多数存在する定型業務を順番通り執行し事業に関するデータ分析や資産の状況管理や分析、対応をしている部署になる。最後に中央下の「資産管理」の意味だが、これは例えばメーター、ボンベ、パイプライン、車両や生産工場などの資産を示

している。いままでのシステムはこれら機能が複雑に絡みあっており、所謂業務システムと呼ばれる仕組みで、それら業務が機械化されたとしてもそのシステム利用者には依然高い業務知識を求めてきた。しかしこれらシステムが非常に簡素化され、資産の状態が一目でわかるように IoT 技術でカバーすること、機械が前述の資産の状況を把握しさらに分析や対応まで AI で実行することが出来る様になる。例えば管理部 A さんは毎週月曜に営業部 B さんからメールで来る資産と売上に関する資料に対応状況を少し加筆して、課長の承認を取ってからシステム部の D さんに送る。この様なバックオフィスの仕事は全て AI に変わってしまう可能性が高いし、データ分析や定型業務はいまの AI においても朝飯前である。この状況把握が出来てそれが常にデータ化されシステムに送信されていることが AI にとっては正に好都合なのである。ではこの状況を踏まえて様々なシーンにおいて発生しうる AI と共にある生活を見ていこう。

1　生活の中の AI

(1)　AI スピーカーと AI アシスタント

　身近なところで AI スピーカーや AI アシスタントと呼ばれる技術や製品は、後述する既存製品を筆頭にすでに市民権を得始めていて 5 年後〜10年後には日常的に多く使われる事になるだろうし、代表的な AI スピーカーと AI アシスタントの例として Amazon の Amazon Echo と Alexa[9]、Google の Google Home と Google アシスタント[10]、Line の CLOVA WAVE と CLOVA[11]、Apple の HomePod と Siri[12] などは2021年の現在でも数多く利用されている。さらにこれら AI スピーカーと呼ばれるハードウェアだけではなく、それぞれの AI アシスタントだけがソフトウェアとして提供され、それが搭載されたテレビやリモコンなどもすでに

---

9 ）Amazon Echo 及び Alexa：米 Amazon 社の登録商標。
10）Google Home 及び Google アシスタント：米 Google 社の登録商標。
11）CLOVA WAVE 及び CLOVA：LINE 社の登録商標。
12）Siri：米 Apple 社の登録商標。

数多く販売されている。一昔前の音声アシスタントだと冒頭のナイトライダーのキットや映画「2001年宇宙の旅」[13]に登場するAIのHAL 9000があるが、あの消火栓についている赤色灯のような無機質なものでもなく、すでに登場したAIスピーカーよりもさらに、物理的なデザインとしてだけでなくユーザ体験としてユーザに寄り添ったインターフェイスデザインになり、より生活に溶け込んで来るだろう。そしてこの様に人間とのインターフェイスが整備され、AIがより身近な物になることは間違いないだろう。

　このAIスピーカーに代表される音声認識技術には複数の技術が含まれており、音声を認識する音素解析、テキスト化、テキストとして認識された一文を適切な語に分割する分かち処理や形態素解析、単語自体の意味を指し示す辞書、構文解析、意味解析、文脈理解、そしてそれら従前の言語学としての発展と同時に発達してきたソフトウェア工学がある。「従来の言語学で研究されてきた文法に関する知識や、文の伝えようとする意味をきちんと把握して訳すのではなく、対訳コーパスという日本語と英語が両方記載された大量のテキストのデータを使って、『英語でこういう単語の場合は日本語のこの単語に訳される確率が高い』『英語でこういうフレーズの場合は日本語のこういうフレーズに訳される場合が多い』と単純に当てはめていくのである。」[14]。

　こうした人間の言葉を理解しようとするAI技術は総称して自然言語処理（NLP、Natural Language Processing）と呼ばれており、昨今のウェブの進化によって急増したコンテンツ（文字など）とそれを解析するソフトウェア技術とハードウェアの進化と共に劇的に進化している。

(2)　AI ホーム

　AIスピーカーが家の中で使われているシーンを想像してみよう。家の中でIoTやAIが使われるシーンを研究して標準化しようとしている

13）2001年宇宙の旅：アーサー・C・クラークとスタンリー・キューブリックのアイデアをまとめたストーリーに基づいて製作された、SF映画及びSF小説。

14）松尾豊『人工知能は人間を超えるか——ディープラーニングの先にあるもの』（KADOKAWA、2015年）より抜粋。

OCF[15) という団体がある。彼らの実装を参照しながらシナリオを進めて
みる。

①仕事から帰宅のシーン：お母さんが車で家に帰ってくると、センサー
が車を感知し、次に車のナンバーを AI が自動で認識する。車庫のライト
が付きシャッターが自動で開き、家の照明が入りテレビの電源が自動で入
る。そして今日はオーブンで料理を作る予定なので、オーブンの電源が自
動で入って予熱を始めている。

②来客のシーン：訪問者がベルを鳴らすと自動的に防犯カメラのスイッ
チが入り、既訪問者か否か AI が判定する。さらに取得した画像と画像分
析した情報を宅内・宅外にいる家人のスマートフォンに送信し、問題が無
ければスマートフォンアプリで OK を押し解錠する、このような事が実現
可能である。上記 OCF や W3C WoT[16) では、IoT と呼ばれる家電やオー
ディオ機器が共通のフォーマットやプロトコールで通信が出来る様に標準
化作業が進められており、家庭内における AI でのデータ分析や指示の簡
素化を目指している。逆にこの標準化を行わないと AI が全ての IoT の
データフォーマットやプロトコールを熟知する必要があり、AI の役割が
非常に多くなり本来の分析などの役割を果たせなくなるからだ。

(3)　AI キッチン

ではもう少し小さなシナリオを考えてみよう。例えば前述の AI スピー
カーがキッチンで使わるシーンを考えてみる。料理を作るには食材や調味
料の調達、そして献立とレシピが不可欠である。そこで AI は何が出来る
のであろう。まず AI は冷蔵庫内の在庫を管理し、さらにはその食材を
使った調理方法まで指南し、キッチンにある水道の蛇口から家電までコン
トロール可能である。例えば朝起きるとすでに AI がコーヒーを淹れてい
て、人はそれをすすりながら朝食を作る。すでに AI が冷蔵庫にある材料
から体調や好みに合った献立を考えていて、その作り方を AI スピーカー

15）OCF：Open Connectivity Foundation の略。IoT の標準化団体で特に家電製品の標
　準化を進めている。
16）W3C（World Wide Web Consortium）の標準化グループの 1 つ（Web of Things）
　で、IoT 向け Web 標準化を推進している〈https://www.w3.org/WoT/〉。

が教えてくれる。実際に人が料理を作り始めると、AIが水加減の為の蛇口の操作、ガス器具やIHコンロの火加減や、調理時間調整も調理器具に入っている食材の量に合わせて調整する。これは各種調理機器につけられたセンサーやレンジフードなどに付いたカメラからの入力データを基にAIが分析し各種機器に指令を出している。AIシェフともなるとロボットが必要になってくるので割愛するが、調理に関してのほぼ全ての段取りをAIが教えてくれ、さらには調理機器を自動実行してくれるので人間が考えるもしくは作業することは殆ど無くなる。

(4)　AIショッピング

次にAIショッピングを考えてみる。AIが冷蔵庫の在庫を管理分析していることは前述したが、毎日・毎週定期的に買う物の賞味期限を管理し、それを自動発注してくれたらどうだろうか。買物は楽しみの1つでもあるので、全てが自動化されると困る人も居るかもしれないが、常備されていることが重要な食材、例えば牛乳や玉子などは自動在庫管理されると嬉しい人も多いだろう。AIに在庫管理を任せると冷蔵庫に食品を入れた日やパッケージについている賞味期限を確認し在庫としてデータ管理可能だ。食材消費量に合わせて安全在庫を下回る前に自動発注してくれる。当然、発注時にAIが市場価格を自動で調査し安くて好みの食材を購入することが可能だ。また冷蔵庫AIとインタラクティブにチャットで会話し、随時追加で発注も可能で、急な来客が予定された時は便利になる。これはAIがデータ管理、分析をすることとブロックチェーンを利用した自動購入で実現可能になる。好みのメーカーやブランド、購入している価格帯を予め設定しておくと市場価格をAIが調査し、AIが最適なタイミングで購入指示をすると、スマートコントラクトと呼ばれるブロックチェーンで実装された自動契約の仕組みで購入可能だ。あとは、配達されるのを待つだけである。

(5)　AIリビング

家に居るときにエアコンのリモコンの取り合いで諍いになったことはないだろうか、もしくはそんなシーンをテレビCMで一度は見かけたこと

があるかもしれない。同一の部屋に居る人の快適さの感じ方の違いから部屋のエアコンをつけたり止めたりの諍い事である。AI が浸透するとこの諍いが無くなる、単に家電に AI が搭載するだけではない。当然 AI が搭載され同じ部屋に居る複数人に合わせて風向を変える事が可能だ。しかしそれだけではない、AI が最適なエアコンなどの温度調整機器を選択してそれを操作する。さらにはその温度調整機器を動かすエネルギーも選択可能になる。簡単に言うと朝はガス、夜は電気で温度調整する。なぜならば朝と夜では電気料金の価格差があるからだ。部屋の大きさ、材質や外気温、水温などを AI が分析し温度調整機器のスイッチオンオフや温度調整をする事が可能になり、さらにはそのエネルギー調達会社も自動で変更することが可能になる。昨今のエネルギー自由化によりエネルギー提供会社をユーザは自由に選ぶことが可能になり将来は毎月毎日毎時エネルギー提供会社を変更可能になると筆者は予想している。その時に自分の家に合ったエネルギー会社をエネルギー調達市場の価格と温度調整機器構成を AI で分析し随時最適なエネルギー会社の選択が可能になる。この点に関しては、Ⅳにて詳細に記述する。

2　仕事の中での AI

(1)　AI 法務

　少し法務分野での AI にも触れておこう、ここでは AI 技術そのものや AI 関連の法解釈と言うよりも AI が使われる事による法務へのインパクトを見てみたい。読者の皆様もよく存じている2016年に発生した有名なパナマ文書の漏えい事件がある。その時に使われた技術から解説してみると、パナマ文書[17]はパナマの首都にあるモサック・フォンセカ法律事務所から関連文書が2.6TB（テラバイト[18]）のデータとして流出したことから始まり、その中には実に約1,150万件もの文書が含まれていた。この文

17）https://panamapapers.sueddeutsche.de/en/
18）約 1 兆バイト。

書の解析の過程は、一旦全ての文書を OCR などでデジタル化し、グラフ
データベース化され、解析された後に様々な問題が発覚した。ここで注目
したいのは分析に採用された技術で、グラフ分析と呼ばれる最近トレンド
の AI 技術の 1 つである。会社が登記されている住所や会社の所有者、投
資家などの関係性をグラフモデルに置き換えて分析した結果様々な問題が
発覚した。これは法律文書にも当てはめることが可能で、法律文書や判例
が全てデジタル化され、AI スピーカーの箇所でも出てきたコーパスの法
律向けコーパスが完成した暁には、全ての法律関連の単語がコーパス上に
表現され、今まで以上に高度な過去判例や関連文書の探索が容易になる。
この事を指して Maura Grossman and Gordon Cormack は「法律分野の
根本的な変化を予測し、インテリジェントな検索システムが多数のドキュ
メントのレビューと最も関連性の高いものの選択において、ジュニア弁護
士やパラリーガルよりも優れている」と指摘している[19]。文書探索や分
析するためのグラフ分析環境やツールを少し紹介すると、まずはパナマ文
書でも使われた有名なグラフデータベースの neo4j[20]、グラフデータベー
ス検索言語の Cypher[21] や Sparql[22]、NLP モデル・アルゴリズムの
word2vec[23] Transformer[24] などがある。膨大な文章を word2vec などの
NLP モデルを使って、コーパスと言う名のベクトル空間を構築可能にな
る。例えばこのコーパスを使うと「東京－日本＋フランス＝パリ」という
文字列の使った数式を計算することが可能になる。これは東京という言葉
が持つベクトルから日本という言葉が持つベクトルを引いて、フランスと

---

19)　次の資料を参照。"Technology- Assisted Review in E-Discovery Can Be More Ef-
　　fective and More Efficient Than Exhaustive Manual Review", Maura R. Grossman
　　and Gordon V. Cormack, Richmond Journal of Law and Technology Volume 17, 2011.

20)　オープンソースのグラフデータベース。

21)　neo 4 j 向けのグラフ検索クエリー言語。

22)　RDF を使って記述できるクエリー言語。

23)　"Efficient Estimation of Word Representations in Vector Space", Tomas Mikolov,
　　Kai Chen, Greg Corrado, Jeffrey Dean, 16 Jan. 2013. Google が発表した NLP モデル。
　　入力されたテキストから数百次元のベクトル空間を作成可能。

24)　"Attention Is All You Need", Ashish Vaswani, Noam Shazeer, Niki Parmar, Jakob
　　Uszkoreit, Llion Jones, Aidan N. Gomez, Lukasz Kaiser, Illia Polosukhin, 12 June
　　2017. Google から発表された NLP モデル・アルゴリズム。

いう言葉が持つベクトルを足している。2次元のベクトル空間で表すと
【図表 4】の様になる。

【図表 4】「東京−日本＋フランス＝パリ」を表した図

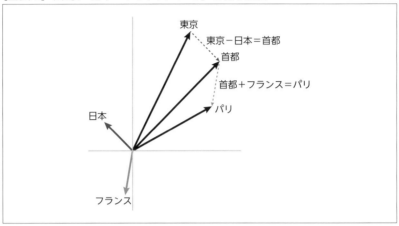

　また neo4j を使ってグラフ分析すると、「A さんが設立した会社の中で
モサック・フォンセカ法律事務所が顧問になっていて、パナマに事務所の
郵便受けがあり、その郵便受けの住所と同じ住所に郵便受けがある会社で
モサック・フォンセカ法律事務所が顧問になっていている他の会社」とい
う検索が一回のクエリー処理で実現可能だ。これはデータベースに対して
集合演算を行う事を意味し、一般的なリレーショナルデータベースを使っ
てこの探索を実行すると「入れ子になった複数 JOIN[25] クエリー」という
相当高負荷の処理だが、neo4j の様なグラフデータベースを活用すると格
段に簡単な記述で且つ軽負荷の処理で実行可能になる。これにより膨大な
デジタル文書の中から関連性の高い文章をピンポイントで探してくること
が可能になる。

25）データベースにおける集合演算処理。

(2)　AI 医療

　医療の分野にも AI は進出してくるだろう、もしくはすでに進出していると言うべきかもしれない。筆者が以前に関わってきた医療分野ですでに導入が始まっているのがレントゲン、CT、MRI などの画像解析である。現在この画像解析は概ね人間の目によって分析、解析されているが、昨今AI での画像解析に力を入れる医療機関が増えており、がんの早期発見に大きく寄与している。大腸がん、胃がん、乳がん、皮膚がん、脳動脈瘤、アルツハイマー病、特に大腸がんの画像解析での AI 活用症例が増えている。これは大腸がんの早期発見が可能になれば大半が完治可能であるためだ。

　またアルツハイマー病の診断に現在は脳の CT や MRI 画像が使われているが、これに言語や行動からの分析を加え映像解析基盤上でのマルチモーダル研究[26] も行われている。このマルチモーダルでの AI 研究にグラフ分析が追加されればさらに研究や分析が加速するだろう。

　個々人の行動解析結果や、DNA 解析データを用いた将来の疾病予測、新薬開発期間を大幅に短縮を目指した創薬分野で大量の活性化合物スクリーニングへの応用等が注目されている。

(3)　AI エネルギー

　エネルギー業界の中にも AI が多く登場する可能性が多分にある。現在のエネルギー業界特に電力業界においては、AI が登場するチャンスが多数ありユースケースとしては非常に豊富である。2018年 9 月 6 日に北海道で発生した大地震と共に発生した大規模停電（ブラックアウト[27]）を例に取って論述する。これは地震に因って停止した発電所の電力供給停止に起因して、電力需要量と供給量が極端に乖離したことが原因である。この

26）神谷直輝ほか「認知症ケアにおけるマルチモーダル映像解析基盤を用いたコミュニケーション状況の理解」研究報告高齢社会デザイン 5 巻15号（2016年）情報処理学会研究報告（2016/08）。

27）需要と供給の均衡が崩れたことにより発生する周波数変位が起き、その結果大停電が起きること。

ケースは需給量が極端に乖離しブラックアウトしたが、実は各電力会社は
この需要と供給のバランスを常にシビアに監視している。この需給バラン
スが崩れると送電する電力の周波数が変動する。北海道を例に取ると、こ
の変動の許容範囲が 50Hz ± 0.3Hz 以内[28] とされている。この実際のメカ
ニズムもそうだが、需要と供給のバランスを取るための策として AI が期
待されており、幾つかの論文がすでに出ている[29]。全ての需要家（一般的
には消費者に当たる）での電力需要を分析し最適な供給量を AI で常に計算
し続ける事が出来れば、この需給バランスの安定化に AI が寄与出来るこ
とは容易に想像できる。また昨今 DSM/DR[30] と呼ばれ需要側で電力消費
を制御する仕組みや、DR などで制御され余剰になった電力を纏めて他者
に供給する VPP[31] など電力ピークカットを行うためのメカニズムが生ま
れ、日本ではネガワット取引[32] としてすでに始まっている。これを AI
でコントロールすることで、さらに需要と供給のバランスを取り安定的な
電力供給をする事に寄与出来るようになっていく。これらの AI は一般消
費者には見えてこないケースがあるが、すでに実証実験や部分的な実装は
始まっているのが現状である。

---

28) 電気系統における常時及び緊急時の負荷周波数制御調査委員会編「電力系統におけ
る常時及び緊急時の負荷周波数制御」電気学会技術報告869号（2002年）１頁。
29) 松尾雄司ほか「人工ニューラルネットワークを用いた短期電力需要予測」エネル
ギー経済44巻４号（2018年）27頁。
30) 需要側で消費量を調整する仕組みという点では DSM と DR は共通しているが、
DR は一般需要家の需要を、DSM は大口需要家の需要を調整する事を指す。
31) 需要家側エネルギーリソース、電力系統に直接接続されている発電設備、蓄電設備
の保有者もしくは第三者が、そのエネルギーリソースを制御することで、発電所と同
等の機能を提供すること。
32) アグリゲーター等との事前の契約に基づき、電気のピーク需要のタイミングで節電
を行う、インセンティブ型の下げ DR のことを指す。

Ⅳ　AIにまつわるICTとエネルギー

　今までお話した通り実際にソフトウェアとしてのAIだけでも多種多様な事が自動化されてくる。しかし、ITエンジニアの観点から見るとAIの議論の中でAI自体を動かす環境や仕組みに関して議論が少し欠けていると考えており、Ⅳではその話を少し進めていく。

1　AIとIT

　読者の皆さんのイメージの中ではAIが何にでも取って代わってしまう様に思われているかもしれないが、たしかに一理はある。しかしその為には様々な要素や仕組みが必要な事を付け加えておかなければならない。その1つがITである。AIが何処でどの様に動いているかを考えてみて欲しい。様々な場所で稼働出来るとは言え、AIは現時点ではコンピュータの中で動いている。このコンピュータは難しいことをしているようで仕組みとしては非常に簡単で、正しいデータと正しい命令を与えると正しい答えを返す。逆にデータも命令も与えなければ何も答えを返さない、また間違ったデータや間違った命令を与えると間違った答えを返す。このAI自身は非常に多くの方が研究され、文章化、書籍化されており、筆者（松田。以下同）はその第一人者ではないので言及は避けるが、まずはデータに関して詳しく論述したい。さてデータは何処からどうやってAIに届くのかを考えてみたいが、これは逆にこの一連の仕組みを人間に当てはめてみてもらえば良い。一般的な言い方ではあるが人間の脳は司令塔であり、AIが目指している部分でもある。この人間の脳が判断を下すためには何が必要だろうか。それはやはりデータで、人間の場合のデータに当たる部分は環境情報である。概数ではあるが人間には皮膚に500万個、鼻にも500万個

の受容体が存在し、それだけでも1,000万個の受容体が存在する。言い換えると人間の大きさの中に大小様々な1,000万個以上のセンサーとそれを受け取る受容体があって、それに口（舌）、目、耳の受容体が加わり、生きているだけで膨大なデータ（人間の場合は電気信号になった環境情報を指す）が脳に入力されそれが処理し続けられている。例えば立っているだけでも、姿勢を整えるために各種筋肉からの電気信号を受け取って重力を感じ、目と耳で平衡を感じ、耳から環境音を聞き、皮膚からは温度を感じ、鼻からは匂い、舌からは味をデータとして取得しており、人間が生きている間はそのインプット、分析、アウトプットが絶え間なく続いている。

　AI も人間と同様の仕組みが必要である。AI が出来た（AI の推論モデルが出来た）からと言って AI が自発的に何かを実行するということはなく、何かインプットを与えてあげなければ何もアウトプットがない。人間に例えるなら超優秀な脳が、体から離れてポツンと存在している事になる。その超優秀な脳を動かし最適なアウトプットを得る為に必要なのが膨大で継続的なデータ供給だ。

　最近の AI 研究ではこの人間の脳に存在するとされる推論モデルを継続的に更新し続ける方法として強化学習が作られたが、この強化学習を継続するためには、それを動かす CPU と共に膨大なデータの継続的な供給が必要になる。しかしコンピュータには手も口も耳も目も鼻もない。どうやってデータを得るのだろうか。その代わりになる物は何か。その代表例がセンサーや IoT 機器と呼ばれるものである。今までのコンピュータではこの入力にあたる部分をキーボードや他システムからのデータインポートなどが担っていたが、それだけでは AI に取っては圧倒的に量が足りず且つ継続的に24時間365日入力し続ける事も出来きない。そこで登場するのがセンサーだ。読者の方もセンサーという言葉は一度は耳にしたことはあるかと思うが、現在多種多様なセンサーが存在し世界中で活躍している。ちょっと家の中や会社の中を見回して欲しい。例えば暗くなると一緒に暗くなるスマートフォンの画面、タッチすると動くスマートフォンの画面、重さや赤外線などで動く自動ドア、Suica[33] などの電子マネーで動く

33）Suica の名称は JR 東日本の登録商標。

　自動改札、古くは自動販売機の硬貨投入口、体温計、火災報知器、これら
は全てセンサーからのデータを元に動作している機械だ。例えばスマート
フォン画面で使われているタッチセンサーだが、透明でなんの変哲もない
ガラスに見えるが、実はスマートフォンの画面は人間の静電気を感じて動
作する（静電容量方式）。人の指が触れたところに発生する静電気を画面に
無数に配置されているセンサーが検出し、そのタッチされた場所をコン
ピュータ（スマートフォン本体）にインプットすることにより、スマート
フォンはそれに合った動作（例えば、アプリを起動する、音量を下げるなど）
を実行する。この様に現在の世界には上記の様なセンサーが無数に存在し
ている。

　しかし現在はこのセンサーからの情報を有用に活用出来ていないのが事
実で、さらにはセンサーとコンピュータが全く通信が出来ていないケース
が数多く存在する。例えば筆者が所属するガス会社を例に挙げるとガス
メーターというセンサーがあるが、メーターが通信機能を現状全く持って
いない。通信機器を持っているメーターは僅かながら販売されているが、
殆どのメーターには通信機能が付いて居らず、そのため顧客先でガス微少
漏えいが発生した場合にメーター自体は感知するが、その情報をメーター
以外の第三者に通知する仕組みがない（この通信不可能な状態をオフライン
状態と呼ぶ）。僅かにある通知方法は顧客自身でメーターを見るか検針員
や配送員が発見するだけだ。

　他業種での好例が自動車だ。自動車にもタコメーター、スピードメー
ター、加速度センサーなど多数のセンサーが装着されており、さらに最近
では衝突防止の為のカメラや超音波センサーが装備されている。しかし多
くの車には通信機能はついておらず、完全にオフラインで自律的に動いて
いるに過ぎない。通信式ドライブレコーダー、上位機種の通信機能付き
カーナビ、緊急時の車載電話などを除いて、車内で常時通信可能な機器と
言えるのが唯一スマートフォンぐらいである。このスマートフォンにはカ
メラや加速度センサーなどが付いているため様々な情報を AI が搭載され
たコンピュータと会話可能になる。

　このスマートフォンと自動車の通信を応用しているのが、日本以外の海
外で一世を風靡している Uber[34]、Grab[35]、Bolt[36] などのタクシー会社で

ある。一般利用者からはタクシー事業会社として認識されているこれらの会社だが、実はこれらの会社は一台も車両を保持していないタクシー配車の会社であり、ドライバーが携行しているスマートフォンから送信される位置情報と顧客の位置情報や依頼を AI がマッチングさせ適切な車両配置や乗降位置の指示を行っているにすぎない。

　筆者が所属する日本瓦斯株式会社では、ガス業界で問題となっているガスメーターがオフラインであるが故に発生する前述課題を解決するために、自ら通信装置であるスペース蛍を製作し設置し始めている。2021年3月末を目指して85万顧客宅（LP ガス）にこの通信装置を無料配布設置することでガスメーターをオンライン化する。これによって、いままで月1回程度しか検針情報、保安情報を確認出来なかったが、今後はメーターと通信装置を介して毎日確認可能で、ガス消費量は毎時間確認する事が可能だ。またこのスペース蛍からのデータを効率的に収集する IoT データ収集基盤をニチガスストリームと呼んでいる。このスペース蛍とニチガスストリームは、いままでオフラインだったメーターをオンライン化しさらにその大量のデータを AI に入力する為に開発された。これによって現在の日本瓦斯株式会社全体の顧客基盤からだけでも毎日約4,100万件のガス使用量データが取得可能になる。

2　AI と通信

　上記のように AI を活用するためには、AI に対して常時膨大なデータを継続的に送ることが必要である。しかし、オフラインであることが多いデバイスやセンサーからデータをどのようにコンピュータに送信するのだろうか。それはここ数年で急激な勢いで隆盛してきている IoT 専用の通信回線だ。IoT 向け通信は総称して LPWA[37] と呼ばれており、現在は様々な方式が様々なキャリアからリリースされている。例えば LTE-

---

34）Uber Technologies, Inc. の登録商標。
35）Grab Holdings Inc. の登録商標。
36）Bolt Technology OÜ の登録商標。
37）Low Power Wide Area の略。

M[38)]、NB-IoT[39)] など既存通信キャリアが提供してるサービスや Sigfox などの 0 G[40)] 新興勢力が提供している低速で小データしか送れないが圧倒的に低価格な IoT 専用通信方式が登場している。例えば日本瓦斯株式会社のスペース蛍では、Sigfox 通信を使い、単 3 相当の大きさの電池 1 つで10年間継続的にデータをクラウドに送信可能なほど低消費電力化も実現している。いままでは必ず AC 電源を必要としてきた常時センシングデバイスだが低消費電力の通信技術の開発や発達により、電池 1 つあればメンテナンスフリーで数年から10年以上の継続送信可能になった。これでようやく AI が正しい答えを出すためのセンサーデータ取得から AI までのデータ送信の仕組みが超安価で実現しようとしている。

3　AI と ICT とエネルギー

　前述のデータ収集と共に AI の稼働環境は AI を考える時に必要な要素の 1 つであることには間違いがない。では AI の稼働環境は実際に何処なのだろうか。クラウドだろうか。昨今クラウドが主流になっていて、どこか遠い世界で AI が動いている様に思えるかもしれないが、実際 AI は通常のコンピュータの上で動いているに過ぎない。そのコンピュータはサーバと呼ばれているが、家にあるパソコンと構造的に大きな差はなく、多少の違いがあるにせよ超高速大容量且つ無停止で動くか否かの差である。最近では CPU ではなく GPU[41)] や TPU[42)] を利用し AI が超高速で稼働するための仕組みが多数発表されているが全てノイマン型コンピュータという分類だ。それが遠く離れたところで超高速に無停止で動いている事にな

38）既存 LTE 網を活用した、IoT 向け通信。

39）Narrow Band IoT の略。LTE-M よりさらに小データ向け通信で低消費電力。

40）携帯通信技術は 3 G → 4 G → 5 G…と高速・大容量に進化しているが、低速・小容量で逆の立ち位置の通信技術を指す。

41）Graphics Processing Unit の略。元来画像高速表示用に用いられた計算用チップだが大量の小規模計算が並列で実行出来る特徴を活かして現在は AI の計算に用いられることも多い。GPU で CPU 処理の代替をすることを GPGPU（General-Purpose computing on Graphics Processing Units）とも呼ぶ。

42）Tensor Processing Unit の略。Google が開発した機械学習に特化した特定用途向け集積回路（ASIC（後掲注56）参照））。

る。そのノイマン型コンピュータの 1 つであるパソコンは自宅にも職場にも数多くあるが、パソコンをよく見ると必ず電源ケーブルが接続されていることに気がつくだろう。お気づきの通り AI も電力が必要で、AI を動かすには実は大量の電力が必要なのである。

　少しこの電力問題について論述したいと思う。AI が学習時に必要とするエネルギー量は、実は車 5 台が生産から廃棄されるまでの間に発生する二酸化炭素を発生させるのに必要なエネルギー消費をする事と同義になる。マサチューセッツ大学による最近の試算[43] では、AI が自然言語を学習する際に利用するエネルギーを生産するのに排出する二酸化炭素の量はおおよそ284トンで、中でももっとも電力を消費したのがニューラル・アーキテクチャー・サーチ（NAS）を使った場合の Transformer[44] 処理で、これが二酸化炭素284トンを排出する。これは平均的な 5 台分の乗用車が製造から耐用年数分の使用と廃棄までの全過程で排出する二酸化炭素量（約57トン）になる。

　つまり AI が非常に多くのエネルギーを必要とするということだ。例えば2020年時点の世界の総人口約77億人が自分専用 AI を作成するために、AI に何かを学習させようとすると 1 人当たりの自分専用 AI が排出する二酸化炭素排出量284トン×77億人分 = 2 兆1,868億トンの二酸化炭素が排出されることになる。これは2016年の世界の二酸化炭素総排出量323億トン[45] の約70倍に相当する。単純計算ではあるが、決して少ない量ではないことがわかる。様々な恩恵をもたらす可能性のある AI だが、その生成過程には幾ばくかの問題があることがこれで分かるだろう。

　この様に AI を開発するだけではなく、継続的に稼働させさらに向上させるには今までは想像も付かなかった莫大な量のデータとその通信を支える技術、そしてそれを動かす膨大なエネルギーが必要になることは、忘れられるべきではない。

---

43) Energy and Policy Considerations for Deep Learning in NLP, Emma Strubell, Ananya Ganesh, Andrew McCallum, College of Information and Computer Sciences University of Massachusetts Amherst, 5 June 2019.
44) NLP モデルの一種。
45) 日本エネルギー経済研究所計量分析ユニット編『EDMC ／エネルギー・経済統計要覧2019年版』（省エネルギーセンター、2019年）。

V　AI を誰でもいつでも何処でも

　現在 AI の関わる事柄は、割と先端を走っている人たちが動かしていて、AI を動かすには大きな費用がかかって特別な人だけが使えるのではという懸念が生まれているかと思われるが、そうではない。もしかしたら近い将来に誰でもいつでも何処でも AI を使えて自分専用 AI も作れる日が来るかもしれない。AI を格安で或いは無料で誰でもいつでもどこでも利用出来る為のアプローチとして筆者（松田。以下同）は以下の 2 つを考えているので、それぞれについて論述してみる。
　　1　電力を他の方法で賄う
　　2　AI の消費電力を小さくする

1　電力を他の方法で賄う

　前述の様に膨大な電力を消費する AI だが、そこで電力自体の話しを少ししたい。学習によって AI のモデルを作るには自動車 5 台分の二酸化炭素を排出するに値する発電が必要で、現在の世界の人口約77億人が自分専用 AI の初回モデルを作成するだけで2016年の世界の二酸化炭素総排出量の約70倍を排出する事は前述した。他方人類が生活するだけでエネルギーが必要で、人類が現在の人口で 1 年間に消費するエネルギー量（最終エネルギー量）は470エクサジュールと言われる（後述）。このエネルギーを生産するのに現在は多くの化石燃料が利用されており、2018年の推計値ではその割合は実に79.9％で、自然エネルギーは17.9％に過ぎない[46]【図表 5 】。この比率が良いか悪いかは現在のエネルギー政策に委ねるとして、ここでは別な議論をしたい。しかし、自分専用 AI を持つにはこの470エクサジュール以外に AI 用の電力が必要となる。

---

46)　REN21 "Renewables 2020 Global Status Report" p.32.

【図表 5】世界の最終エネルギー消費における自然エネルギーの割合（2018年、推計値）

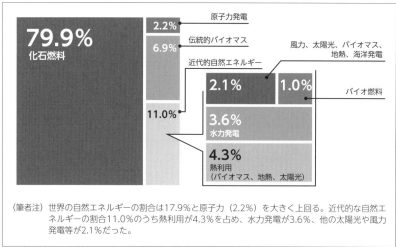

（筆者注）世界の自然エネルギーの割合は17.9％と原子力（2.2％）を大きく上回る。近代的な自然エネルギーの割合11.0％のうち熱利用が4.3％を占め、水力発電が3.6％、他の太陽光や風力発電等が2.1％だった。

（出所：REN21, "Renewables 2020 Global Status Report" p.32 より作成）

　仮に全ての最終エネルギー量である470エクサジュールを太陽光から獲得する事を考えてみよう。現在最も流通している太陽光発電パネルのエネルギー変換効率はおおよそ15.58％〜22.80％で、最高でも22.8％[47]に過ぎない。どの程度太陽光エネルギーがあれば世界のエネルギーを賄えるのかを試算すると、470エクサジュールというのは太陽が88分間に地球に向けて放つエネルギー量[48]と等しいと言われ、ワットに直すと131PWh（ペタワット／時）になる。これを現時点で世界中にある太陽光発電の能力総量である510GW[49]から計算すると、256,863時間稼働相当になり、1日あたり704時間分、1日に1発電所あたりで稼働できる時間を2.4時間とすると

47) https://news.energysage.com/what-are-the-most-efficient-solar-panels-on-the-market/

48) https://blogs.scientificamerican.com/guest-blog/smaller-cheaper-faster-does-moores-law-apply-to-solar-cells/

49) 環境エネルギー政策研究所 "Renewables 2018/2019 Japan Status Report（summary）"（2019年）5 頁。

293倍である。現在の293倍の発電所が出来れば全て太陽光で賄えることになり、非現実的である。

　しかし仮にこの太陽光発電パネルのエネルギー変換効率が50％になったらどうなるだろうか、前述したように現在の市場に出回っている太陽光発電パネルのエネルギー変換効率は15.58％～22.80％で、市場に出回っている製品の中で最高は23％程度だが、日本のNEDOとシャープが開発した太陽光発電パネルは、実に44.4％のエネルギー変換効率を誇る[50]。世界を見るとFraunhofer ISE/Soitec/CEA-Leti[51]が2014年12月に世界最高値の46.0％を達成しており、さらにNEDOの計画では、2050年までにセル単位のエネルギー変更効率40％達成を目標にしている。

【図表6】NEDO PV2030+ 太陽光発電開発計画

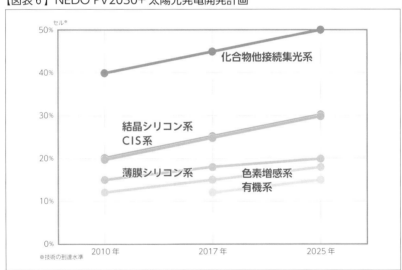

(出所：NEDO「太陽光発電ロードマップ（PV2030+）概要版」（2014年）8頁をもとに作成)

　仮に太陽光発電パネルのエネルギー変換効率がNEDOの目指す40％ま

50）https://corporate.jp.sharp/news/130614-a.html

51）https://www.ise.fraunhofer.de/en/press-media/press-releases/2014/new-world-record-for-solar-cell-efficiency-at-46-percent.html

で高くなると、現在の約 3 倍のエネルギー変換効率、エネルギー生産能力になり、現存数の293倍必要だった太陽光発電所が 3 分の 1 の98倍にまで下がる。また自然エネルギーは太陽光発電だけではない、自然エネルギー世界白書2018（Renewable 2018 Global Status Report）にもあるように、他も風力発電、水力発電、地熱発電、バイオマス発電などがあり、太陽光以外の自然エネルギー発電所も増加傾向にありエネルギー変換効率も年々上がっている。地熱発電効率は約10%〜20%とあまり高くなく、バイオマス発電は地熱発電と同じく温度が低いため発電効率は約20%である。しかし風力発電は最大約60%の発電効率、一般的な風力発電システムの発電効率は最大約45%、平均的には約20%〜40%。水力発電は、発電システムで生じる損失を加えても発電効率は約80%もある[52]。

　大量の電力を消費することで有名な米 Google だが2010年からグリーンエネルギーへの切り替えを順次進めており、2020年現在公表されている数値上は100%グリーンエネルギーにてデータセンターを運営している。過去のプレスリリース[53] によると、彼らの2017年の総消費電量は76億 kwh（2017年、Alphabet Inc. 全体）に及んでいるが、それら全てをグリーンエネルギーで調達している[54]。この様に大量のコンピュータが集積する場所ではすでにグリーンエネルギーの100%活用が進んでおり、前述の様な太陽光発電の発達や増設が進めばこの AI 稼働に掛かる電力増加分が化石燃料を用いずに賄える可能性が出てきている。

　最後に自然エネルギーに関してすでに顕在化されている課題を挙げておく。それは自然エネルギーであるが故のボラティリティの大きさと蓄電池からの再配電もしくはソーラーパネル増設・過積載の課題である。まず天候や自然状況によるボラティリティが大きいと電力供給量が不安定化する可能性が高く、前述したブラックアウト問題が頻繁に発生しやすく、逆にボラティリティ最小化の為には既存電力会社が発電所から電力供給し補填

52）thhps://rakuene-shop.jp/colums/2621/

53）https://www.google.com/about/datacenters/renewable/

54）石田雅也「先進企業の自然エネルギー利用計画（第10回）Google、自然エネルギーの電力購入量が世界最大──すべての時間帯で100%達成を目指す」（2019年）〈https://www.renewable-ei.org/activities/column/CorpCS/20190522.php〉。

しなければならない。また自然エネルギーの余剰分を蓄積した蓄電池からの売電も様々な課題があり、今後のエネルギー政策による課題解決に期待したい。

2　AIの電力消費量を小さくする

　電力を自然エネルギーなどで賄いAI用のエネルギーを捻出することで何処でもいつでも誰でもAIが使える可能性の話をしたが、今度は逆に現在のAIに使われているエネルギー消費量を極小化する方法を論じてみる。AIの電力消費量を下げる方法には幾つかあるが、①CPUやGPUでの計算をTPU、FPGA[55]やASIC[56]での計算に置き換える。②他のニューロンからの入力の重み付けを極小数のビット数まで下げる。この2つが考えられる。

　まず①だが、現在ほとんどのAIやディープラーニングの計算はCPUもしくはGPUが使われており、そのCPUやGPUが大量の電力を消費し、大量の二酸化炭素排出をすることはすでに論じた。このCPUやGPUは基本的に汎用的に作られた集積回路であり、特段AIに特化した物ではないことが消費電力を押し上げている原因の1つである。これをTPU、FPGAやASICなどに変更するだけで劇的に電力消費量が下がる。Microsoftの Project Catapult で実証された結果では、1枚の画像分類に必要な電力消費比較では、CPUよりFPGAが1.5倍から2.7倍効率的であることが実証された[57]。電量消費量で言えば、通常の67%～37%の電力消費量と少なく、CPUやGPUと比べると消費量が約3分の1になる可能性がある。また実証結果はないが、ASICではさらに消費電力量が減ることがわ

---

55) Field-Programmable Gate Array の略。製造後に購入者や設計者が構成を設定できる集積回路。

56) Application Specific Integrated Circuit の略。特定用途向け集積回路と訳される電子部品の種別の1つで、特定の用途向けに複数機能の回路を1つにまとめた集積回路の総称。

57) "Accelerating Deep Convolutional Neural Networks Using Specialized Hardware", Kalin Ovtcharov, Olatunji Ruwase, Joo-Young Kim, Jeremy Fowers, Karin Strauss, Eric S. Chung, 22 Feb. 2015.

かっている。

　前述はハードウェアでの低消費電力化であったが、さらには推論モデル
自体を低消費電力化、言い換えればソフトウェアでの低消費電力化が可能
であり、その方法が②他のニューロンからの入力の重み付けを極小数の
ビット数まで小さくすることである。ディープラーニングの仕組みの詳細
については触れないが、簡単に説明すると人間の脳を模したニューラル
ネットワークを活用して計算を行う仕組みである。現在はそのニューラル
ネットワーク内の 1 つのニューロンに対して他のニューロンからの入力を
32 ビットや 16 ビットの浮動小数点で重み付けした後積算しているが、この
重み付けを低ビット化する事が可能になってきた。最小では 0 と 1 のビッ
ト化、量子化を実現する「ニューラルネットワークの量子化」というソフ
トウェア技術が登場した。例えば、パラメータの二値化[58] や、さらにア
クティベーションの二値化[59] が可能な理論や実装が登場し始めている。
これで 32 ビットや 16 ビットだった計算量が 1/16、1/32 に減少するため、
必要なメモリサイズも減り、当然利用する計算量も消費電力も抑える事が
可能だ。この事実は、低消費電力で稼働する AI を実現出来ることは明白
だが、低消費電力化によりさらに小規模な端末での AI、所謂エッジ AI
コンピューティング実現への大きな一歩となっている[60]。

　自分専用 AI のエネルギー消費量に関する以上、①電力を賄う、②電力
を減らすの 2 つの課題に対する技術的な解決策の登場が今後の AI 浸透の
1 つの鍵と言えるだろう、また逆に言えばこの課題を解決しなければ、全
ての人が AI の便利さを個人レベルで享受するのは難しい。

58）"BinaryConnect: Training Deep Neural Networks with binary weights during propagations", Matthieu Courbariaux, Yoshua Bengio, Jean-Pierre David, 2 Nov 2015.

59）"Binarized Neural Networks: Training Deep Neural Networks with Weights and Activations Constrained to +1 or -1", Matthieu Courbariaux, Itay Hubara, Daniel Soudry, Ran El-Yaniv, Yoshua Bengio, 9 Feb 2016.

60）この様な量子化を実現しているベンチャー企業の 1 つが LeapMind〈https://leapmind.io/〉。

Ⅵ　AI 活用におけるプライバシー保護

　AI を活用し続けて行くには様々な環境や仕組みが必要で、特に大量の
データを常に提供し続ける事が必要だとも論述してきた。そのデータを活
用すること、しかも生活に即した AI の活用例を考えるときに、ユーザ
データのセキュリティとプライバシーの問題が切り離せなくなる。利用者
の方のデータがどんな技術で守られるのかを論述してみる。

　この領域では、すでに以下に挙げる顕在化した課題がある。①データの
真正性、②データ通信時の安全性、③データ保全性、④データ提供時にお
けるユーザの意思確認、⑤それらを包括的に管理する仕組み、この 5 つを
順に課題と解決策について論述したい。

　まず①のデータの真正性に関してだが、これはデータが本当に改ざんさ
れていない状態なのかを確かめる事である。本当にそのデータは正しいの
か、本当にその人のデータなのかである。AI や機械学習、ディープラー
ニングは正しい入力に対して正しい答えを返す仕組みであるため、データ
が正しくなければ当然正しい答えを返す事は出来ない。因ってこのデータ
の真正性が非常に重要になってくる。この為に現在は通信上で暗号化を行
う事が多用されているが、その送信されているデータの真正性は証明して
いない。提供するもしくは提供されるデータの真正性を担保するためにブ
ロックチェーンの導入が不可欠と考える。なぜならばブロックチェーンは
データの真正性を担保する仕組みとしては非常に優秀であり、データ改ざ
んを行うためには、当該ブロックチェーンネットワークに参加している参
加者（ノード）が保持している全てのチェーンに対しても改ざんを行う必
要があり、これを実現するのは技術的にも困難であり、また仮に改ざん自
体のコストが安くなったとしてもそのデータを改ざんしたことによるメ
リットが十分に享受できないため実際は起きえないと言える。またそもそ
もブロックチェーンがプライベートなのであれば、ブロックチェーンネッ
トワークに入ることも難しいため、改ざんの難易度は上がる。

　次に②のデータ通信時の安全性に関してだが、これにもすでに多くの解決策が生まれている。データ通信時の安全性とはデータ通信時の暗号化アルゴリズム自体とそのメカニズムを指すが、まずアルゴリズムに関してもレガシーなトリプル DES から楕円曲線暗号、最新の格子暗号まで様々な暗号アルゴリズムが開発されており、その暗号化処理時の CPU 負荷と担保すべきデータの重要性に合わせて最適なアルゴリズムが選択され利用されている。ただしいくらアルゴリズムが改良された場合でも、何れのケースにおいても暗号鍵を相互に交換が必要なことに変わりは無く、鍵交換する際には必ず MITM 攻撃[61] 問題が発生するため、十分に留意しなければならない。そこで最近では、前方秘匿性を担保した通信方式である E2EE[62]、暗号文のまま計算可能な準同型暗号も出現しており、完全前方秘匿通信の実現性も高くなってきている。前述の E2EE はすでに様々なところで実用化されており、例えばメッセンジャーアプリの Signal[63]、WhatsApp[64]、iMessage[65] などでは標準設定で使用されている。

　次に③のデータ保全性であるが、これはデータが安全に保管される仕組みの事を指す。この技術はすでに各国、各所で実装がされており、国家レベルで実装が進んでいて有名なのがバルト三国の 1 つエストニアである。エストニアは先進的な電子国家としてすでに有名だが、その個人データは全てデジタル化、オンライン化され、同時にそのデータを使った手続きも全てオンライン化されている。オンラインで手続きが出来ない例外は結婚、離婚と不動産売買の 3 ケースのみで、これは技術的な問題があるわけではなく、この 3 つだけは対面で行うべきであるとのポリシー問題だ。その電子国家であるエストニアにてデータを安全に保管し、他国からのサイバーアタックからもデータを守った実績を持つ仕組みが X-ROAD[66] であ

---

61) Man-In-The-Middle の略。鍵交換をしようとしている 2 者間に悪意の第三者が入り、相互の鍵を仲介することにより 2 者間の通信を復号化して傍受する事を可能にすることをさす。

62) End-to-End-Encryption の略。通信する者だけが暗号化する鍵を交換し、他の第三者とは交換しない、共有鍵暗号化方式で通信を行う。

63) Signal Messenger LLC の登録商標。

64) WHATSAPP INC. の登録商標。

65) 米 Apple Inc. の登録商標。

る。この X-ROAD を活用すると多岐にわたるデータソースへのアクセスが必要な場合でも複数データソースを纏めた統合データベースを新たに作成しなくても、必要十分な認証を受けた人や機能は自由にデータソースにアクセス可能である。またそのデータソースへのアクセスログは如何なる場合もブロックチェーンに保存されるため、トレーサビリティの担保が可能だ。またこのデータソースへのアクセスを識別するためのデジタル ID 体系も整っており、更なるトレーサビリティの担保に寄与している。現在は更にデータそのものを共有しないでディープラーニングの学習を実現する方法として、Split Learning[67] という手法もマサチューセッツ工科大学を中心に開発されていることを付け加えておく。

　④は、さらにデータ提供時のユーザの意思確認であるが、これはオプトインと呼ばれているもので、上記エストニアではすでに実現されている。全ての国民はデジタル ID を生誕と同時に付与され、本人のデジタル ID と連携したカードやアプリを常に携帯している。本人以外の第三者が本人のデータへのアクセスを希望していて、アクセス許可を得たい場合には本人のアプリ等に連絡があり、生体認証にてそのアクセスを許可する仕組みが提供されている。これにより、明示的なオプトインや逆のオプトアウトも実現する事が可能である。

　⑤は、最後に包括的に管理する仕組みであるが、これは現在一般的には PDS[68] と呼ばれ特に個人情報を管理する仕組みとその個人情報（デジタル ID）に紐づいた情報の連携を管理する仕組みの事を指す。昨今話題になっている情報銀行とは異なり、情報銀行はこれら PDS からのデータを集めて、様々な加工をしてそれを企業に販売し、その収益を個人に戻す役割を果たす物で、PDS はその情報銀行に情報を渡す役割を果たす。

66）電子国家エストニアにて実現している行政オンラインサービスの基盤となるシステム。異なる省庁間でのデータ交換が安全且つ迅速に行える仕組み。
67）"Split learning for health: Distributed deep learning without sharing raw patient data", Praneeth Vepakomma, Otkrist Gupta, Tristan Swedish, Ramesh Raskar, 3 Dec. 2018.
68）Personal Data Store の略。PDR（Personal Data Repository）とも呼ばれる、個人データを各会社毎に保管するのではなく、一元的に管理する仕組み。

　この様な一連の仕組みを利用する事によって、個人のプライバシーや権利を守りつつ AI へデータを提供する仕組みが構築可能で、このような取り組みを進めていくことにより、近い将来「データの民主化」が進むだろう。

Ⅶ AIで仕事が無くなるか

　2013年に発表された英国のオックスフォード大学のオズボーン准教授の論文[69] によると前述したように AI 自体の発達や ICT の発達に伴い様々な物がコンピュータに因って機械化、自動化され、人間が関わっている多くの仕事が失われる、無くなっていくと分析されている。オズボーン准教授は、まとめとして、今後10〜20年程度で米国の総雇用者の約47％の仕事が自動化されるリスクが高いという結論に至ったと記載している。

【図表7】コンピュータ化自動化によって無くなる職業抜粋

自動化の可能性が高い主な職業	無くなる確率
保険の査定担当者	99.00%
クレジットアナリスト	98.00%
不動産ブローカー	97.00%
レストランの料理人	96.00%
造型、中子、鋳造機の作業員	95.00%
パラリーガル／弁護士助手	94.00%
会計士、監査人	94.00%
小売店の店員	92.00%
工場作業員	92.00%
臨床検査技師	90.00%
タクシー運転手／お抱え運転手	89.00%
テクニカルライター	89.00%
農業従事者	87.00%
原子力技術者	85.00%
電子機器技術者	81.00%

【図表8】コンピュータ化自動化によって無くならない職業抜粋

自動化の可能性が低い主な職業	無くなる確率
レクリエーションセラピスト	0.28%
整備、修理工の第一線監督者	0.30%
医療ソーシャルワーカー	0.35%
振付師	0.40%
セールスエンジニア	0.41%
小学校教師	0.44%
生地や洋服のパタンナー	0.49%
人事マネジャー	0.55%
スポーツトレーナー	0.71%
最高経営責任者	1.50%
写真家	2.10%
調達責任者	3.00%
弁護士	3.50%
コンピューターシステム責任者	3.50%
数学者	4.70%

（出所：Carl Benedikt Frey and Michael A. Osborne "THE FUTURE OF EMPLOYMENT: HOW SUSCEPTIBLE ARE JOBS TO COMPUTERISATION?" APPENDIX P.57以下より作成）

---

69) Carl Benedikt Frey and Michael A. Osborne "THE FUTURE OF EMPLOY-MENT: HOW SUSCEPTIBLE ARE JOBS TO COMPUTERISATION?" Sep. 17, 2013.

　この予測が「どの程度」合っているのか、間違っているのかは10年～20年経ってみないと正確には判断出来ない。もちろん十分に研究されている分野なので大きく外れることもないし、少なからず、幾つかの、いや多くの職業が無くなっていくことは間違いはないだろう。

　この無くなる仕事、失われる仕事のリストに入っている職業の多くは対人ではなく対機械、対物に対して業務を行っている職業が多いのが見てわかる。Ⅲの中で述べた、事務職もそれに含まれている。事務職は対人であるケースもあるが、ヒアリングから状況を判断して適切な手続きを選択し、手続開始の為の必須情報を集めている。例えば小売業の店員が、来店した顧客に対して様々な状況を聞き出して、それに合った品物やサービスを選択し勧め、一旦購入となった場合さらに顧客に質問をして必要事項を整えこれを速やかに遂行する。細かく言えば商品の梱包方法や支払方法などをヒアリングし、それに応じた処理を行っている。これもまさに AI にとっては得意な処理であり、機械や AI で代替可能な職業と言える。

　本稿でもすでに取り上げたように、すでに無人スーパーマーケットが登場し、自動運転もゆくゆく[70] はレベル 4 ～ 5 になり、普段の体調管理も AI で代替可能なことは現時点でもわかっており、それら機能やサービスが持つインターフェイスも AI が取って代わろうとしていることはこれまで論じてきた。このまま AI の浸透が進むと本当に人間の仕事が全て無くなるのだろうか。筆者（松田。以下同）自身の仕事を参考にしてみる。筆者の本業は IT アーキテクトや CIO/CTO であるが、これらの職業は筆者が生まれたときに存在していただろうか。答えはノーだ。俗説では現在の小学生の65％は現時点で存在しない職業に将来就く[71] と言われている。この数値や説はあくまで俗説で根拠はない。ではもう少し身近な職業を見回してみる。筆者や筆者の友人が就いている職業を挙げると、IT エンジニア、システムエンジニア、ネットワークエンジニア、データサイエン

70）高度情報通信ネットワーク社会推進戦略本部・官民データ活用推進戦略会議「官民 ITS 構想・ロードマップ2019」（2019年）参照。例えば2025年を目途に高速道路での完全自動運転を目指す。
71）コロラド大学デンバー校のスコット・マクラウド准教授が唱えたと言われており、IBM、WEF やシスコのジョン・チェンバース氏が誤用したことから始まった俗説。

ティスト、ブロガー、YouTuber、ドローン操縦士等である。これらの職業は筆者が生まれた50年前にあっただろうか。もちろん存在しなかったし、誰も想像すら出来なかっただろう。辛うじてプログラマという職業があったか無かったかの瀬戸際くらいの時代だった。

　すでに前述のように様々な手続受付業務や手続遂行業務などが人からAIに変わろうとしている。イメージが先行しているのは、ロボット導入の浸透も大きな要因の1つだろう。そのロボットに関してだが、実は今回AIに関連するリサーチを進めれば進めるほど、ロボットが全面的に人間の仕事を代替するわけではないとの意見を多く耳にする。単純な業務ではロボットに代替される場合も多く、倉庫内での荷物の集荷やパッキング、大量の郵送物の仕分けなどは事実すでにロボットに代替されていて、例えばファーストリテイリングとダイフクが作り上げたユニクロの有明倉庫では、倉庫への搬入や購入者からのオーダーに対する出荷までをほぼ無人化を成し遂げており、これにより倉庫人員が100人から10人まで減り、ECサイトでのオーダー確定から出荷までの時間は最短で15分だ[72]。しかしこの様な成功例とは裏腹にまだまだ単純作業のロボット導入でも難点があり、例えばロボットアームは高さのある箱には物を入れるのが苦手であったり、その動作を教えるのにティーチャーと呼ばれる専門家が必要で、その人員が圧倒的に枯渇していること、ロボットメーカー毎にコントロールするコンピュータ言語が異なるなどの障壁があり、人間による作業よりコストが高くなってしまう事が導入の障壁になっているのも事実である[73]。

　また自動化になりにくい職業の一覧にもあるように、対人業務や高度な判断を求められる職業は機械に代替されにくく、またAIとロボットを使ってもいまだ難しいのは、物理的に何かに作用（アクチュエーション）をする事である。日本瓦斯株式会社のなかで言えば、営業、配送、保安点検はアルゴリズムを使って「作業計画」を高度化するという観点ではAIが活躍出来るが、その実行の機械化はコストの面でまだまだ難しいところである。

72）https://businessinsider.jp/post-178138
73）この問題を解決するベンチャーがMUJIN。メーカー毎の違いやティーチャー問題を独自コントローラーで解決している〈http://mujin.co.jp〉。

　話しを少し変えて働き手や労働市場の観点から分析してみる。現在世界的には人口増加傾向[74]にあり、特にアジアにおいて爆発的に増えているのは事実だが、日本においては平成30年10月1日現在で総人口が1億2,644万3千人で、前年に比べ26万3千人（0.21％）減少と8年連続で減少している[75]のが現状である。労働人口（15歳〜59歳）においても、2000年（平成12年）の5,848万人をピークに2030年（令和12年）には4,912万人と想定されている[76]。人口の半分程度しか労働人口が居ないことになる。現在は女性や高齢者の労働力参加率が上がっているため一時的に労働人口が増加傾向であるが、2024年からはこの効果も薄れ労働人口の減少傾向に入ると予想されている[77]。また働き方改革と称して様々な試みが行われているところだが、読者の方も目にする機会や利用する機会が増えているUber[78]や Uber Eats[79]がある。働きたいときに働き、それ以外の時間は自由に自分の時間に使うという働き方である。この働き方が浸透すると、2030年に人口1億1,912万人[80]の41.30％の労働人口（15歳〜59歳に限る）4,920万人しかいなくなってしまうなかで、さらに会社勤めをする人が前述の働き方改革で減少し、事務職や目視検査等の単純作業が AI に取って代わられるとはいえ、逆に AI が仕事を奪わないと日本社会自体が機能しないのではないかと筆者は考えている。ことエネルギー業界においても営業、配送、検針、保安などのフィールドワーカーの人員不足は単一の会社だけではなく業界全体の問題になっており、さらに複雑化する社内事務に対応可能な人材も減少傾向にある。そこで日本瓦斯株式会社では今後この

74）世界の人口は2019年の77億人から2030年の85億人（10％増）、2050年には97億人（26％増）、2100年には109億人（42％増）〈https://www.unic.or.jp/news_press/features_backgrounders/33798/〉。

75）https://www.stat.go.jp/data/jinsui/2018np/index.html

76）厚生労働省「労働力人口の推移」『厚生労働白書』資料編（平成30年版）。

77）土志田るり子「2030年までの労働力人口・労働投入量の予測」（三菱 UFJ リサーチ＆コンサルティング、2018年）。

78）米 Uber 社の登録商標。

79）米 Uber 社の登録商標。

80）国立社会保障・人口問題研究所「将来推計」（出生中位・死亡中位計）（平成29年推計）17頁。

問題を解決するために、幾つかの取り組みを検討、実施しており、1つは昨今話題のRPA[81]化である。複雑な事務をRPAと呼ばれるロボットが代行し、さらにRPA同士を連結させる仕組みを構築する。この仕組みでRPA同士の関連性をAIが分析して社内ワークフローを完結させる。フィールドにおいては1人のフィールドワーカーが複数の能力をもち（これを多能工化と呼んでいる）、フィールドワークを最適化するモデルを検討しており、それをフィールドワーカー多能工化[82]と呼んでいる。AIがフィールドワークを多能工に対して複数業務の割り振りや委託する形式で人員不足を解決しようとしている。

　纏めると、将来AIが様々な職を奪う可能性は高い。しかし、AIが職を奪わないと日本社会が機能しなくなる可能性が高いことがわかる。AIとICTの章（Ⅳ・3）でも論じたが、いままでのシステムの観点ではなく、AIを活用したフィールドワーカー多能工化を前提にしたシステムが開発されなければ、今後日本の全ての業界は慢性的な人材不足になる可能性が高い。

81）Robotic Process Automation の略。パソコン上のほとんどの操作をコンピュータが代理実行する仕組み。
82）日本瓦斯株式会社の造語。1人のフィールドワーカーが複数業務、複数会社との契約を実現し、フィールドワーカー視点での最適化を図る事。

Ⅷ　まとめ

　ここまで、AI を ICT やエネルギーなど様々な観点から論述してきたが、筆者（松田。以下同）の個人的な心情としても本当に AI の時代が来るのか、という疑問も依然ある。いままでの論述は現状と未来予測であり仮説であることは間違いがないが、最後に 1 つ歴史的な事実をお話したい。筆者がかつて大手通信キャリア子会社に勤めていた2008年頃の事である。2008年はあの iPhone[83] 3G が日本で発売された年であり、熱狂的なお祭り騒ぎを覚えている読者も多いのではないか。その iPhone 3G が出た後の2009年に予想されたのが、2014年にスマートフォンの出荷台数が、ガラケーのそれを上回るということだった[84]。筆者としてもにわかに信じられなかった。何故ならば当時他のスマートフォンといえば Windows Mobile[85]、BlackBerry[86] などの端末が圧倒的なシェアを持っており、優秀ではあるがあくまでビジネス用途の端末であり、一般コンシューマ向けのアプリケーションと言えば初歩的なゲームなどが大半であった。この状況下で2014年にスマートフォンが席巻するとにわかに信じ難かったが、いざ2014年になってみると状況は一変し、まさに2009年に想定されていた通りの結果となり、iPhone を先頭にスマートフォンが携帯電話の出荷台数の過半数を占めてしまったのだ[87]。数値的に言えば2014年12月末には iPhone 3G が日本に上陸した2008年におおよそ250万台だったスマートフォン契約数が、26倍の6,544万件（構成比：端末契約数の52.3%）、ガラケー

83）米 Apple 社の登録商標。日本語ではアイフォーンと表記。

84）モバイルコンピューティング推進コンソーシアム「日本におけるスマートフォン市場」（2009年 5 月）〈https://www.mcpc-jp.org/news/pdf/smartphone_report_May09.pdf〉参照。

85）米マイクロソフト社の登録商標。

86）カナダブラックベリー社の登録商標。

87）MM 総研「2014年国内携帯電話端末出荷概況」（2015年）〈https://www.m2ri.jp/news/detail.html?id=54〉。

契約数は5,967万件（同47.7％）となったのだ。

　米ガートナー社の2019年10月31発表の「2019度版日本におけるテクノロジのハイプ・サイクル」[88]によると「モノのインターネット（IoT）」や「人工知能（AI）」、「ブロックチェーン」といった技術が「幻滅期」に位置付けられ、AIが「生産性の安定期」と呼ばれる主流として採用されるまでには 5 年から10年の期間が必要だと分析されている。IT の歴史を振り返ってみると近年一番の大きな出来事は「インターネット元年」と呼ばれる1995年に Windows[89] 95が発売されインターネットが普及期に入った時だと筆者は考える。また巷では2010年がクラウド元年と呼ばれており、またさらに遡ると1980年に数多くのインターネット企業が創業しており、これは全くの筆者の経験則であるがこれらを鑑みると概ね15年周期（1980年、1995年、2010年）で IT 業界はピークを迎えている。ガートナー社の予測にこれら筆者の経験則を足すと2010年の15年後である2025年に AI 元年（AI が主流派になる年）となることが大いに考えられるが、あと 5 年である。その2025年までにムーアの法則に則りハードウェアもさらに進化し、それに伴いソフトウェアも進化して AI が圧倒的な進化を遂げていることは容易に想像でき、読者にも漠然とした不安もあるだろう。ただしそれはAI に仕事が奪われるというネガティブな側面だけではなく、いままで述べてきた様に AI は少なからず今後の日本に貢献可能で、且つ必要な事ではないかと筆者は考えている。

　Ⅱで論じた通り、現在は第三次 AI ブームと言われているが、ブームはいつか終焉を迎える。しかし、現在の AI、特にディープラーニングは様々な技術者や現場によって実証されてきた確かな技術であり、無くなってしまうことはない。言い方を変えればなくてはならない要素技術として、他のシステムやパーツに溶け込むだろう。現在の様な研究者中心の市場からソフトウェア開発者や技術者、SIer の手に渡る時が必ず来る。それがガートナー社の言う「生産性の安定期」における AI の姿であろう。その時、世の中の人々は三度目の AI 冬の時代到来と論じるだろうが、冬

88）https://www.gartner.com/jp/newsroom/press-releases/pr-20191031 ハイプサイクルは米ガートナー社の登録商標。
89）米マイクロソフト社の登録商標。

ごもり中に次の蜃気楼のネタが作られていくのである。我々は来たるべき三度目の冬の到来に備えて万全の備えをしておきたい。

AI・DXが変える現代社会と法

2021年3月16日　初版第1刷発行

編 著 者	弥　永　真　生
	山　田　剛　志
発 行 者	石　川　雅　規

発 行 所　株式会社 商 事 法 務

〒103-0025 東京都中央区日本橋茅場町 3-9-10
TEL 03-5614-5643・FAX 03-3664-8844〔営業〕
TEL 03-5614-5649〔編集〕
https://www.shojihomu.co.jp/